KB162173

‖ 인문교양총서 43

감정, 인간에게 허락된 인간다움

●

신은화

저자 신은화

경북대학교 철학과, 동 대학원 석사를 졸업한 후 독일 프라이부르크 대학에서 박사학위를 받았다. 학위 논문에서 인간의 몸과 성이 과연 매매의 대상이 되어도 좋은지를 묻기 시작할 때는 누구보다 패기 넘쳤지만, 지금은 그 질문을 평생 지고 가야 할 돌덩이처럼 버겁게 느낀다. 주로 사회철학적 주제들에 관심을 갖고 「과학기술과 착취」, 「수치심과 인간다움의 이해」, 「혐오와 지배」 등의 논문을 썼다. 경북대학교 철학과 강의교수 및 BK21플러스 사업단 연구원을 지냈으며, 현재 제주대학교 철학과에서 강의와 연구를 진행하고 있다.

경북대 인문교양총서 ④③

감정, 인간에게 허락된 인간다움
다섯 가지 감정에 관한 철학적인 질문

초판인쇄	2020년 8월 7일
초판발행	2020년 8월 14일
지은이	신은화
기 획	경북대학교 인문대학
펴낸이	이대현
편 집	이태곤 권분옥 문선희 백초혜
디자인	안혜진 최선주 김주화
마케팅	박태훈 안현진
펴낸곳	도서출판 역락
주 소	서울시 서초구 동광로 46길 6-6 문창빌딩 2층
전 화	02-3409-2060(편집), 2058(마케팅)
팩 스	02-3409-2059
등 록	1999년 4월 19일 제303-2002-000014호
전자우편	youkrack@hanmail.net
홈페이지	www.youkrackbooks.com

ISBN	979-11-6244-550-1 04080
	978-89-5556-896-7 04080(세트)

인문교양총서 043

감정,
인간에게 허락된 인간다움
다섯 가지 감정에 관한 철학적인 질문

신은화 지음

역락

감정과 철학

이 글은 몇 가지 감정들에 대해 철학적으로 질문하고 생각해보려는 의도에서 쓰였다. 전통적으로 철학은 감정의 문제를 비중 있게 다루지는 않았지만 인간 존재에 대해 근본적으로 묻는 학문임을 자처한다면 이에 관한 논의를 소홀히 할 수만은 없을 것이다. 철학사가 이성주의에 기반을 두고 발전해왔다 하더라도 그 긴 흐름 속에서 감정에 대한 관심이 아주 없었던 것은 아니다. 철학자들은 인간 존재에 대한 깊이 있는 통찰에 기초하여 감정의 문제를 바라본다는 점에서, 여타 학문들의 분석과는 다른 차원의 설명을 제시할 수 있다. 또한 철학은 감정의 이해를 위해 단지 현상과 양상에 집중하기보다는 그것의 근저에 시선을 돌린다는 점에서 특별한 의의를 갖는다.

그리스어로 '감정'이란 말은 '고통'이란 뜻을 가진 πάθος (pathos)에서 유래한다. 열정, 격정, 정욕 등을 의미하는 영어 passion도 같은 뿌리에서 파생되었다고 볼 수 있다. 이 어원에서 잘 드러나듯이, 감정은 좋은 것이든 나쁜 것이든 기본적으로 우리 마음의 평온함에 파장을 일으키고 그에 상응하는 에너지를 쓰게 한다. 어떤 감정으로 인한 심적 변화의 폭이 클수록 그것을 견뎌내고 안정을 되찾기 위한 힘이 더 많이 필요하다. 감정은 일종의 내적 동요와 불안을 야기하고 그에 저항하는 수고와 긴장 상태를 불러온다는 점에서 고통의 근원으로 생각될 수 있다.

　감정이 고통으로 이해될 수 있는 맥락에서, 이 글은 인간의 여러 감정들이 야기할 수 있는 문제들을 살펴보고 그로부터 자유로워질 수 있는 길을 모색하고자 한다. 인간이 경험하는 고통 중에는 자신의 내면에서 일어나는 감정적 변화가 원인인 경우가 많다. 우리가 흔히 느끼는 부정적인 감정들, 예를 들어 두려움, 혐오, 질투, 증오, 공허함 등은 다양한 방식으로 삶의 안정과 평화를 위협한다. 이런 감정들로 인한 고통에 대해 철학은 어떤 해답을 제시할 수 있을까? 우리는 어떻게 해야 이 감정들을 긍정적인 방향으로 승화시킬 수 있을까?

　이 책은 고통스러운 감정들이 오로지 부정적인 측면만을 갖는 것은 아니라는 점에 대해 이야기할 것이다. 감정의 고통은 인간 존재에 대한 성찰과 우리 자신의 인격적 성장을 위해 긍정적인 계기로서 작용할 수 있다. 더 나아가 그것은 인간의 불완전성과 한계에 대한 철학적인 숙고와 맞닿아 있다. 그러므로 감정을 이해하는 것은 우리가 내적 평화를 찾고 좀 더 성숙한 존재로 거듭나는 데 도움이 되는 일이다.

감정과 인간

　과거에는 동물이 이성적 사고를 못할 뿐만 아니라 아무런 감정을 느끼지 못한다고 보는 것이 일반적이었다. 데카르트는 정신과 신체를 별개의 영역으로 구분하고, 상호 간에 아무런 연관성도 인정하지 않았다. 이런 맥락에서 동물은 정신적 능력이 완전히 결여되어 있는 물질 덩어리, 기계와 같은 것으로 간주되었고, 따라서 당연히 아무런 감정도 느끼지 않는 존재라고 생각되었다.

　그러나 오늘날에는 동물도 감정을 느낀다고 보는 견해가 일반적이다. 그런 만큼 동물의 감정과 고통에 대한 인식도 커지고 있다. 물론 동물의 감성적 능력은 인간에 비해 단순하고 본능적이며 제한적일 수 있다. 가령 동물이 도덕적인 수치심을 느끼거나 어떤 초월적인 존재에게 종교적인 경외심을 가질 것이라 생각하기는 어렵다. 동물은 인간만큼 복잡하거나 섬세한 방식으로 감정을 표현하진 않지만, 동물의 행동에 대한 현대의 수많은 관찰과 연구는 그것이 기본적인 감성을 가진 존재라는 생각에 점점 더 힘을 실어준다.

　침팬지 연구가 제인 구달 박사는 수많은 연구와 자료에 근거하여 동물도 인간처럼 도구를 사용하고 슬픔, 분노, 절망 등의 감정을 느낀다고 말한다. 과거엔 인간만의 특성이라 간주되었던 것들이 동물에게서도 발견됨으로써 인간과 동물을 구분짓는 경계가 매우 모호해졌다는 것이다. 그러므로 육체적, 정신적 고통을 지각하는 존재인 동물들을 우리의 일방적인 필요에 따라 이용하는 것에 대해 진지하게 재고해야 한다고 강조한다.

그런데 동물과 인간의 유사성을 인정하는 것이 인간의 존엄성을 훼손한다고 우려하는 의견도 있다. 그러나 관점을 바꿔보면, 동물의 의식에 대해 인정하는 것은 인간의 가치를 떨어뜨리는 것이 아니라 동물의 존재를 그만큼 끌어올리는 일일 수도 있다. 우리가 아무리 이성적으로나 감성적으로 탁월한 능력을 지녔다 하더라도 다른 동물의 고통에 무감하고 그들을 거리낌 없이 학대한다면 그것이야말로 곧 야만성의 표징이 될 것이다. 제인 구달 박사의 견해처럼, 우리의 인간다움을 보증해주는 것은 종적 탁월함이나 차별성의 일방적인 강조보다는 우리와 동물들과의 공통점에 주목하고 그들과의 상생을 추구하는 노력에 있다.

동물이 감정을 느낀다는 것은 감정이 인간의 고유한 특성이라는 말과 자칫 상충하는 듯하다. 그러나 인간이 '동물 아닌 어떤 것'으로서가 아니라 '동물의 일종'으로서 생각하고 느끼는 존재임을 간과하지 않는다면, '동물의 감정'과 '인간의 고유성으로서의 감정'은 서로 충돌하지 않는다. 인간은 다른 동물들보다 더 풍부하고 심도 있는 방식으로 감정을 표현함으로써 자신을 드러낸다. 이는 인간만이 유일하게 감정을 느끼는 존재라는 것과는 분명 다른 말이다.

*　*　*

근래 '4차 산업혁명'이란 모토와 함께 인공지능 기술이 크게 주목받고 있다. 강한 인공지능은 인간의 통제 없이도 스스로 학습하고 새로운 지식을 창출할 수 있다고 소개된다. 자율주행 자동차, 사물인터넷, 스마트 시스템 등의 기술이 인간 삶의 전자동화를 곧 열어줄 것처럼 예견되기도 한다. 기계는 어느새 인간의 지위와 역할을 위협하는 존재가 되었고, 어쩌면 먼 훗날에는 완전히 인간을 대체할지도 모른다고 이야기된다. 오늘날엔 이미 생활의 편리함을 넘어서 인간관계와 정서적 영역까지 관장할 수 있는 방향으로 로봇이 개발되고 있다. 기계는 인간의 이성뿐만 아니라 감성까지도 전적으로 대신할 태세다.

그러나 과연 로봇은 인간의 감정을 학습하고 인간처럼 감정을 가질 수 있을까? 4차 산업혁명에 관한 요란한 광고들은 그것이 가능함을 확신하지만, 다음의 몇 가지 조건들을 충족하지 않는 한 그런 일은 일어날 수 없다고 보아야 한다. 첫째, 인공지능은 인간의 판단, 사고, 감정의 내용을 수집하거나 복사하는 차원을 넘어 실제로 그 과정을 '경험하는' 주체여야 한다. 그러나 인공지능의 경우 그런 내용을 소유하고 경험하는 '주체'란 것 자체가 성립되지 않는다. 이것은 인공지능이 '자아' 및 '자기의식'을 가질 수 없다는 말과도 일맥상통한다. 둘

째, 인공지능 로봇은 생명을 가진 유기체로서 그 어떤 감각적 자극을 수용할 수 있는 신경과 세포를 가져야 한다. 그래야만 감정을 느끼고 경험하는 존재로서 인간과 교감을 나눌 수 있다. 하지만 우리는 결코 생명을 가진 유기체로서의 로봇을 만들 수 없다. 셋째, 인공지능 로봇은 자아와 자기의식을 가진 존재로서 그것을 바탕으로 '타자에 대한 의식'을 가진 존재여야 한다. 그러나 기술이 아무리 발전한다 해도 로봇이 관계지향성을 갖고 타자를 인식하며 상호 간의 관계 속에서 감정을 교류하는 의식적인 존재가 될지는 의문이다. 우리가 그런 로봇을 만들 수 있다는 것은 마치 기계에 숨을 불어넣는 일을 할 수 있다는 말과 같다.

* * *

이런 점들을 종합했을 때, 한편으로 감정은 인간에게 고유한 특성이며 지극히 '인간적인' 것이다. 우리는 통상 인간이 다른 동물과 구별되는 점을 이성에서 찾지만, 감성 역시 인간의 고유성을 드러내주는 중요한 요소이다. 우리가 목격한 자연세계에서 인간만큼 다양하고 복합적이며 세밀하게 감정을 표출하는 존재는 없기 때문이다.

다른 한편으로 흔히 인간다움의 면모를 가리킬 때 감정이 차지하는 의미와 비중에 대해 주목해볼 필요가 있다. 이와 관련하여 '무정', '비정'과 같은 말들이 좋은 예가 된다. 소위 '감정 없음'은 차갑고 비인간적이며 미덕에 어긋남을 가리킨다. 이에 반해 어느 정도 감정을 내비치고 타인의 심정을 고려하는 사람이 따뜻하고 인간적이라 생각된다. 이처럼 감정은 인간다움을 나타내는 중요한 특성 중의 하나로 이해될 수 있다.

우리는 앞으로 여러 감정들의 분석과 이해를 통해 우리의 내면적인 성장에 대해 생각해보는 시간을 가질 것이다. 이 책에서 특별히 주목하는 감정은 혐오, 수치심, 분노, 두려움이다. 이는 이 감정들이 우리의 내적 평화를 방해하고 고통을 일으키는 대표적인 원인으로서 작용하기 때문이다. 필자는 이들 감정의 무조건적인 소멸이나 부정보다는 오히려 그것들 자체를 인정하고 이해하는 과정을 통해 감정적 수고로움과 고통에서 벗어나는 길을 모색하고자 한다. 이런 이유에서 연민이란 감정도 함께 숙고해볼 것을 제안한다.

|| 차례 ||

I. 혐오

진정 혐오스러운 것은 혐오일 뿐이다.
—아우렐 콜나이의 『혐오, 오만, 증오』에서

혐오는 무언가를 꺼리고 미워하는 마음이다. 그것은 불결하고 위험한 것으로 생각되는 것들에 대한 감정이다. 끈적이거나 축축한 것, 지나치게 물컹거리는 것, 냄새가 고약한 것, 떼를 지어 우글거리는 것, 부패하는 것 등은 더럽고 유해하며 닿기만 해도 소름끼치도록 불쾌한 것으로 생각된다. 특히 악취를 풍기며 썩는 것은 죽음과 직결되며 가장 혐오스러운 것 중 하나로 인식된다.

그런데 더럽고 해로운 것에 대해 경계심을 갖는 것은 건강과 생명을 지키려는 본능적인 반응일 수 있다. 혐오는 오염 및 감염에 대한 거부감으로서 유해한 물질과의 접촉을 피하고 그로부터 우리 몸을 보호하도록 일종의 경보와 같은 역할을 한다는 점에서 제한적으로나마 유용함을 인정받는다.

한편 혐오감은 사람을 향하기도 한다. 이것은 우리 몸이 자기 보존의 본능에 따라 해로운 물질에 대해 즉각적인 거부 반응을 보이는 것과는 매우 다르게 형성된다. 이를테면 이런 종류의 거부감은 사물의 혐오적인 특성을 사람의 속성으로 투영시킴으로써 만들어진다. 그래서 사람에 대한 혐오는 실제로 존재하는 위험과는 상관없이 고정관념이나 편견의 영향을 받기 쉽다. 가령 사람을 벌레에 빗대어 경멸하는 것은 실제 그 사람이 벌레와 같은 속성을 가졌기 때문이 아니라 그에게 그러한 속성을 의도적으로 덧씌움으로써 가능해지는 일이다.

이런 식의 혐오는 사회에서 특정한 사람들을 열등하고 불결한 부류로 낙인찍고 배제시키는 논리로 활용된다. 이것이 집단적인 감정으로 확산되고 조장될수록 비이성적이고 폭력적인 양상은 심화된다. 혐오를 위험한 감정으로서 경계해야 하는 이유도 바로 이 점에 있다.

수세식 청결을 위한 대가

우리는 대소변을 더럽게 여기며 전형적으로 혐오스러운 것으로 간주한다. 이는 불결하고 해로운 물질에 대한 즉각적이고 본능적인 반응인 것 같지만, 분명 학습을 통해 형성되기도 한다는 점을 부정하기 어렵다. 예를 들어 어린아이는 자신의 배설물을 만지고 심지어 입으로 가져가기도 한다. 그럴 때 아이에게는 배설물에 대한 본능적인 혐오감이 없다고 보아야 할 것이다. 아이는 부모의 부정적인 반응과 지속적인 제지를 통해 비로소 배설물을 더러운 것으로 인지한다.

드문 예이긴 하지만, 사람의 대소변을 유용하게 사용하는 경우도 있다. 예를 들어, 옛날에는 흔히 농토의 지력을 올려주는 거름을 만드는 데 배설물을 사용했다. 소설 『남한산성』에서 대장장이 서날쇠는 장독 안에서 긴 시간 삭은 똥물을 뿌려 농사 준비를 한다. 독을 독으로 다스리는 민간요법에서 똥은 심지어 일종의 약재로 쓰이기도 했다. 득음을 위해 몸을 혹사시킨 소리꾼들은 똥물을 마시고 몸에 채인 독기를 다스렸다고 전해진다. 『동의보감』에도 '인중황'이라는 약재가 등장하는 것을 보면, 득음을 위해 똥물을 마셨다는 명창의 이야기나 장독을 다스리는 특효약으로 똥물이 쓰였다는 것이 순전히 꾸며낸 말은 아닌 듯하다. 영화 <터널>은 식수를 구할 수 없는 극한의 상황에서 소변이 생명수와 같을 수도 있음을 보여준다. 영화 <광해, 왕이 된 남자>에서는 어의가 왕의 건강을 확인하기 위해 변을 유심히 살피고 심지어 맛을 보는 장면이 등장한다. 많은 사람들이 이를 엽기적이라 생각할 수 있으나, 현대에도 여전히 사람의 대소변은 건강상태와 질병을 확인하기 위한 검체로서 활용되고 있다.

우리가 보통 대소변을 혐오스럽게 여기는 이유 중의 하나는 그것이 인간의 동물성을 가장 적나라하게 확인시키기 때문일 것이다. 어떤 사람들은 천사 같은 선생님도 화장실에 간다는 것이 어린 시절의 큰 충격이었다고 하지만, 최고로 기품이

넘치는 사람이라도 소화와 배설을 하지 않고 살 수는 없다. 그러므로 아무리 문화와 에티켓이란 이름으로 포장하더라도, 화장실이 배설을 위한 공간이란 사실은 바뀌지 않는다.

그런 점에서 '수세식 화장실'이란 발상은 흥미롭다. 거기엔 우리의 동물성을 감추고 부정하고픈 열망이 반영되어 있다. 그것은 마치 대소변의 불결함에서 우리를 해방시킬 수 있는 방법인 것처럼 여겨진다. 버튼 한번 누르는 것으로 오물을 씻어 내리니 실로 간편하다. 그러나 그 오물은 완전히 없어지지 않고 지구 어딘가로 흘러 들어가 어떤 형태로든 영향을 미친다. 또한 수세식이 우리의 동물적 특성과 생물학적 작용까지도 없애주는 것은 아니다. 그러므로 우리가 음식물을 섭취하고 소화하며 살아야 하는 한, 수세식 세정은 무한히 반복되어야 한다.[1]

우리 자신의 동물성에 대한 거부는 자기모순으로 귀결된다. 왜냐하면 앞서 언급한 대로, 그 어떤 인간도 동물이라는 범주에서 벗어날 수 없으며, 그 사실을 아무리 가리고 치장하더라도 생명을 유지하기 위한 유기체적 활동을 하지 않고 살아갈 수는 없기 때문이다. 우리가 사회적인 존재로서 동물과

---

1   권정생, 『우리들의 하느님』, 녹색평론사, 2007, 80쪽 참조 : "진공소제기로 청소를 하고 수세식 화장실은 우리가 배설해놓은 똥오줌을 눈 깜짝할 사이에 흔적도 없이 씻어준다. 온갖 세척제와 화장품으로 씻고 바르고 하니까 우리 인간은 이 지구 위에서 가장 깨끗한 동물이라 자랑해도 될까? 이 지구상에서 가장 고약한 냄새가 나는 곳은 과연 어딜까? 그런 냄새는 누가 만들어낸 것일까?".

는 다르게 행동해야 할 때가 분명 있지만, 그렇다고 해서 전혀 동물이 아닌 존재가 될 수는 없다. 이런 이유에서 동물성(배설)에 대한 혐오에 기초하여 지극히 인간중심적이고 반자연적으로 배설물을 처리하는 방식에 대해 진지하게 재고해볼 필요가 있다.

수세식 화장실의 간편함과 청결을 누리기 위해서는 많은 양의 물을 소비해야만 한다. 그러나 불행하게도 우리가 자연에서 무상으로 받아 쓰는 자원들은 결코 무한하지 않으며, 단 한 번의 깨끗함과 편리함을 위해 마구 쓸 수 있을 만큼 충분하지도 않다. 무심코 물을 낭비하는 행위로 훗날 얼마나 많은 대가를 치러야 할지 현재의 우리로서는 정확히 알 수 없다. 우리가 아무리 애써 외면해도 수세식 화장실이 물을 많이 쓰게 하고, 가뭄으로 고통받는 지역의 사람들과 다음 세대의 삶을 고려하지 않는 방식이라는 사실은 분명하다.

이 지점에서 동화 『강아지똥』의 내용을 떠올려볼 만하다. 이 동화엔 더럽고 쓸모없어 보이는 것들을 따뜻하게 바라보는 시선이 담겨 있다. 똥은 단순히 더러운 것으로 치부되지 않는다. 그것은 다른 생명을 찬란하게 틔우는 밑거름이 된다. 민들레는 못생기고 더러운 강아지똥 덕분에 아름답게 꽃을 피우고 빛을 발한다. 이처럼 예쁜 것과 추한 것이 상생할 수 있다는 생각은 놀랍고도 아름답다. 강아지똥 이야기는 자연의 모든 것들이 연결되어 순환한다는 것에 대한 인식을 담고 있으

며, 자연의 원리와 조화하는 삶에 대해 진지하게 생각하도록 한다.[2]

바로 여기서, 자연을 객체이자 대상으로만 인식하는 근대적 사고의 성찰 과제가 발견된다. 수세식 화장실의 원리는 우리 마음대로 자연을 더럽히고 자원을 고갈시켜도 된다는 생각에서 비롯되며, 그런 태도가 문명과 문화라는 이름으로 산천을 일방적으로 파괴시켜왔음을 이제라도 진지하게 되짚어보아야 한다.

혐오 vs. 공존

혐오스러운 동물의 전형으로 손꼽히는 것 중의 하나는 '쥐'다. 많은 사람들이 그 생김에 몸서리치기도 하지만, 실제로 쥐는 갖가지 병균을 전염시키기 때문에 더욱 강한 거부감을 불러일으킨다. 햄스터를 기르는 사람은 있지만, 보통 들쥐를 집안에서 키우고 싶어 하는 사람은 거의 없다고 봐야 한다. 쥐를 혐오하는 사람들 중에는 그 모습을 사진이나 영상을 통해서 보는 것조차 끔찍하고 공포스럽게 여기는 이들도 있다. 그 정도로 극심한 혐오감을 갖지 않는다 하더라도 흑사병으로 폐허가 된 어느 도시의 하수구에서 검은 들쥐의 무리를 마주하

---

2   권정생, 『강아지똥』, 길벗어린이, 2008 참조.

게 된다면, 그 누구라도 공포와 거부감을 느낄 수밖에 없을 것이다.

그래서 한겨울 추위에 쥐들이 방으로 들어와 품을 파고들어도 내쫓거나 죽이지 않았다는 권정생 선생님의 이야기는 우리를 매우 당황스럽게 만든다. 선생님은 간혹 쥐에 물리기도 했다는 것을 예사롭게 말할 정도로 별다른 혐오감을 갖지 않으셨던 것 같다. 여름 소나기에 찢어진 창호지 사이로 개구리가 뛰어들어도 마찬가지였다고 한다.[3] 많은 사람들에게 개구리는 쥐만큼 혐오스러운 동물이 아닐 수도 있지만, 과연 먹고자는 생활공간을 열어줄 정도로 환대할 대상일지는 의문이다.

권정생 선생님이 쥐와 개구리에게 거부감을 느끼지 않은 이유는 아마도 그 동물들을 측은하게 여기는 마음이 있었기 때문이라 짐작된다. 모든 생명을 귀하게 여기는 마음은 혐오가 들어설 자리가 없도록 한다. 그 어떤 동물들도, 우리 인간도 모두 생명을 지키기 위해 하루하루 애쓰면서 살아갈 수밖에 없고, 그러한 사실에 대한 깨달음이 결국 낮은 곳을 향한 애정 어린 시선을 열어준다.

인간중심주의적 세계관이 지금보다 훨씬 우세했던 시대에는 마치 인간이 자연의 모든 동물의 생살여탈권을 쥐고 있는 듯했다. 동물들은 이성과 감성이 없고 고통을 전혀 느끼지 못

---

3   권정생, 『우리들의 하느님』 녹색평론, 2007, 12쪽 참조.

하는 존재로 간주되었고 아무렇게나 쉽게 죽임을 당했다. 그런 점에서 자연을 위협하는 가장 위험한 존재는 인간이라는 말에 고개를 끄덕이지 않을 수 없다.

인간이 지구상에서 완전히 소멸하기를 원하지 않는다면, 다른 종들의 생명도 소중하게 여길 수 있어야 한다. 하물며 인간처럼 고통을 느끼는 존재라면 더 말할 것도 없다. 피터 싱어는 물고기가 만약 비명을 지른다면 그것을 죽이거나 먹을 때 어떤 기분이 들지 상상해보라고 제안한다.[4] 우리가 앞으로 더 적극적으로 고민해야 할 것은 혐오, 배척, 살육이 아니라 조화와 공생을 위한 삶일 것이다.

노고는 당연하지도 천하지도 않다

냄새나는 쓰레기를 단 하루도 집안에 두고 싶지 않은 마음은 모든 사람들에게 공통될 것이다. 무엇이든 부패하기 쉬운 여름철이라면 더욱 말할 것도 없다. 음식물 쓰레기를 며칠만 방치했다간 악취는 물론 허옇게 우글거리는 구더기 때문에 경악하는 일도 흔히 일어난다. 더욱이 한여름 무더위에 쓰레기 수거차를 마주치는 일은 무엇보다도 고역이다. 잠시 스쳐 지나치는 동안에도 차량의 외관과 냄새 때문에 서둘러 피하고만

---

4   피터 싱어, 『더 나은 세상』 박세연 옮김, 예문아카이브, 2017, 66-69쪽 참조.

싶은 심정에 비춰본다면, 쓰레기 수거가 얼마나 고되고 힘든 일인지 조금은 짐작할 수 있다.

쓰레기를 수거하는 노동자에게는 겨울이라고 해서 사정이 더 나아질 것도 없다. 얼어붙은 음식물 쓰레기통 뚜껑을 열기 위해 애를 먹거나 쓰레기봉투에서 새어나오는 이물질과 물기 때문에 온몸이 젖고 더럽혀진다. 그래서 노동자들은 몸에 밴 악취 때문에 대중교통을 이용하지 못하고 다른 수단을 찾거나 걸어서 퇴근하는 수밖에 없다. 지금도 목욕·탈의 시설이 제대로 갖추어지지 않은 환경에서 일하고 있는 청소 노동자들에 관한 보도가 끊이지 않는다.[5]

이런 어려움을 감수하는 대가로 청소 노동자들에게 높은 보수와 안정된 고용이 보장된다는 점이 강조되기도 한다. 지자체에 소속된 무기한 계약직으로 적지 않은 임금을 받을 수 있다는 이점 때문에, 젊은 층에서도 '환경미화원'을 지원하는 사람들이 늘어나고 경쟁률도 높아지고 있다. 그러나 아직도 여전히 많은 수의 청소 노동자들은 용역 업체를 통해 고용되며 비정규직의 신분에서 갖가지 부당하고 차별적인 대우를 받는다. 그리고 설사 고용 안정과 고액 연봉이 보장되더라도, 이를 대가로 더럽고 위험한 일을 '당연히' 해야 한다고 주장해도 좋을지는 의문이다. 수고에 대한 대가가 당연하다고 그 수고

---

5 「화장실서 문 잠그고 샤워해라」 한겨레(2017. 06. 27).

까지 당연한 것은 아니기 때문이다. 돈은 고역과 위험을 감수한 것에 대해 보상하는 하나의 방편일 뿐, 결코 유일하거나 완전한 방편은 아니다.

한편 청소 노동은 여러 가지 이유에서 위협적이고 불쾌한 일이므로, 돈을 대가로 지불한다고 해서 그 노고를 경시해도 되는 것은 아니다. 쓰레기 수거 노동자들은 생체리듬에 맞지 않는 야간 업무로 시달린다. 미관상 좋지 않다는 이유로 쓰레기 수거가 보통 늦은 밤이나 새벽에 이루어지기 때문이다. 더욱이 쓰레기를 처리하면서 갖가지 세균과 미생물에 노출되는 것도 노동자들의 건강을 위협하는 심각한 요인이다. 이 때문에 항상 장갑과 안전모, 긴 옷 등으로 무장해야 하는 노동자들에게 열대야 폭염 속 작업은 지옥 체험과도 같다.[6] 그러나 이 모든 고통보다 청소 노동자들을 힘들게 만드는 것은 그들의 수고를 모르거나 무시하는 사회의 시선, 그들을 천대하고 경멸하는 사람들의 태도일 것이다.[7]

소위 더럽고 위험하고 어려운 3D 업종의 일은 별다른 기술이 필요하지 않은 단순 노동이라는 점에서 미천하다고 여겨진다. 물론 이 업종의 일들을 습득하기 위해 상대적으로 적은 시간과 에너지가 든다 해도, 노동하는 동안에는 강도 높은 육체

6 「"여기가 지옥이다. 첫차 끝났는데 탈진" … 청소 노동자의 열대야」 충북인뉴스 (2018. 09. 03).

7 「우리가 화장실 휴지만도 못한 소모품인가요」 한겨레(2016. 09. 02).

적 에너지의 소모와 고통을 감내해야 한다는 점을 고려한다면, 우리는 이런 노동의 어려움과 중요성을 보다 더 적극적으로 인정할 필요가 있다. 특히 더럽고 어려운 일일수록 더 많은 보상을 제공해야 한다. 아무도 하지 않는다면 모두가 곤란해지는 일이기 때문이다. 이런 생각에 반하여 혹자는 모든 노동의 가치가 똑같아질 수는 없다는 주장을 펼치기도 하지만, 그런 입장에 십분 동의하더라도 현재 우리 사회에서 목격되는 정신노동과 육체노동 간의 임금 격차, 3D 업종의 열악한 노동 조건 등의 문제는 쉽게 정당화되기 어렵다.

사회에서 기피하는 노동을 담당하는 사람들은 대부분 힘없는 사람들이다. 주로 저학력, 고연령의 사람들과 이주노동자들이 힘들고 고된 작업장으로 내몰린다. 비용 절감이라는 이유 때문에 많은 노동자들이 매우 열악한 환경에서 위험을 감수하며 일을 한다. 현실이 그렇다고 해서, 우리가 더럽게 여기는 일을 처리하기 위해 값싼 비용으로 사람을 쓰는 일을 예사롭게 여겨도 될까? 그리고 무엇보다도 그러한 일에 종사하는 '사람'을 함부로 무시하고 차별해도 괜찮은 걸까?

다시 청소 노동자들의 이야기로 돌아가서, 부패하고 악취나는 쓰레기보다 참기 어려운 것은 쓰레기를 치우는 사람을 마치 쓰레기처럼 더럽다고 여기는 시선일지도 모른다.[8] 우리

---

8 「"우린 인간쓰레기 아냐, 이러다가 정말 다 죽습니다"」 오마이뉴스(2018. 05. 01).

가 쓰레기를 끔찍해하는 만큼 청소 노동자들의 노고가 크다는 것을 생각하고 감사하자. 그리고 무엇보다도 그 고된 노동에 상응하는 물적 보상과 사회적 인정이 그들에게 돌아가도록 힘을 더하자.

누가 야만인인가?

우리나라에서 80년대에 방영된 <초원의 집>이란 미국 드라마가 있다. 이 드라마는 한 백인 가족이 척박한 자연을 개척하며 성실하게 살아가는 이야기를 담고 있다. 그들은 온갖 고난과 역경을 맞으면서도 서로에 대한 사랑과 신앙심을 잃지 않는 선량한 사람들이다. 그래서 이 드라마를 보는 사람들의 눈에 백인은 좋은 사람의 전형으로 비친다. 이와 반대로 인디언 원주민들은 백인보다 저급하며 주인공 가족의 안위를 위협하는 나쁜 자들로 그려진다. 실제로 이 드라마의 원작 소설가 로라 잉걸스 와이더는 '사람은 없고 인디언만 있다'는 문구에 대해 훗날 사과해야 했다. 최근 미국 어린이도서관협회는 그러한 인종차별적 관점에 문제가 있다고 판단하여 '로라 잉걸스 와이더 상'을 '어린이 문학유산 상'이라는 이름으로 변경했다고 한다.

그 외에도 많은 서부개척 영화들이 백인을 옹호하고 인디언에 대한 부정적인 인상을 심어주는 편향된 시각을 담고 있다.

벌거벗고 낯선 치장과 문신을 한 모습으로 고음의 괴성을 지르며 달려드는 인디언들은 공포와 야만의 전형으로 상징된다. 수많은 인디언 종족들의 이름 중에서도 유독 '아파치'란 말은 무자비함의 대명사처럼 사용되었다. 그것은 아마도 아파치 인디언이 유럽의 식민 개척 세력에 최후까지 저항했던 역사와 무관하지 않을 것이다. 일례로 머리가죽을 벗기는 잔혹한 만행은 인디언에게서 유래한 것으로 알려져 있지만, 원래는 백인들이 인디언에게 저지르거나 인디언 동맹군들이 보상을 기대하고 행한 일이라고 한다.

아메리카 식민지 개척사는 비인간적인 잔인함으로 점철된 역사다. 영화 <미션>은 유럽인들의 아메리카 이주가 원주민들에게 얼마나 끔찍한 재앙이었는지를 보여준다. 그중에서도 충격적인 것은 단연 '노예사냥'이라 할 수 있다. 당시 유럽인들은 원주민들을 인간으로 생각하지 않고 사냥하거나 포획할 짐승 정도로 여겼다. 그러나 영화에서 놀랍도록 아름답게 성가를 부르는 원주민 아이의 모습과 그를 둘러싼 유럽인들의 반응을 보여주는 장면은 우리에게 다음과 같은 질문을 던진다. '누가 과연 문명인이고 누가 야만인인가?'

백인과 유럽이 세계의 중심이라는 생각은 매우 일방적인 관점에서 비롯되었다. 그래서 아메리카 대륙의 '발견'이라는 말이 굉장히 오만한 서구 중심주의를 내포하고 있음을 지적하는 견해에 우리는 쉽게 동의할 수 있다.[9] 그런 식의 표현은 마치 아메리카 대륙이 유럽인들에 의해 '발견'된 후에야 존재 의미를 갖게 되었다고 말하는 것과 같다. 그러나 엄밀히 말해 아메리카는 발견된 것이 아니라 원래부터 그곳에 있었다.

또한 백인과 유럽이 곧 문명, 이성, 인간을 대표한다는 식의 논리는 하나의 거대한 폭력이 된다. 그리고 그것은 아이러니하게도 가장 야만적이고 비이성적이며 비인간적인 방식으로 자행된 학살의 근거로 작용했다. 그러나 야만성은 서양의 문화적 기준에서 낯설고 이상해 보이는 것이 아니라 선한 본성과 양심을 잃어버린 인간에게서 드러나는 거칠고 무질서한 기질이라고 보아야 한다. 따라서 유럽 중심의 좁은 세계관에 갇혀 원주민을 약탈하고 학살한 자들이야말로 진정 야만인에 지나지 않는다.

아메리카 식민지 개척의 불행은 여기서 그치지 않는다. 대륙의 드넓은 땅은 무엇이든 대량으로 생산하기에 좋았고 농업 자본가와 상인들이 그런 기회를 놓칠 리 없었다. 그들은 유럽 시장에 내다 팔 설탕의 원료 사탕수수를 재배하려고 했고, 이를 위해 우선 원주민들을 농장에서 일할 노예로 포획했다. 그러나 체격이 왜소하고 강도 높은 노동에 취약했던 원주민은 착취자들이 만족할만한 노동력을 갖고 있지 못했다. 이 문

---

9   임승수, 『나는 행복한 불량품입니다』, 서해문집, 2018, 14-15쪽 참조.

제를 해결하기 위한 방편으로 강구된 것이 바로 아프리카에서
흑인들을 잡아와 노예로 삼는 것이었다.

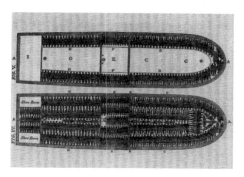

‖ 노예로 가득 찬 선박의 단면도

　노예들은 화물처럼 적재되어 아메리카 대륙으로 이송되었
다. 그들은 배안에서 최소한의 물과 음식을 받아먹고 같은 자
리에서 배설하며 갇혀 지내야만 했다. 좁고 비위생적인 환경
을 견디며 바다를 건너는 동안 전체 인원 중 절반가량이 죽었
다고 한다. 살아남더라도 다행일 수 없었던 것은 생존자들에
게 펼쳐질 미래가 강제노역에 시달리는 삶뿐이었기 때문이다.
이처럼 어떤 이에게 노예선은 삶에서 가장 공포스럽고 가혹한
시간의 끝이었고, 또 어떤 이에게는 그러한 시간의 시작이었
을 것이다.

　노예선에 감금된 채 끔찍한 고통을 겪은 수많은 사람들의
공포와 절망감을 상상해보면, 그것이 ‘지옥선’이라 불리게 된

연유가 분명해진다. 이런 불행한 역사 앞에서, 우리는 누가 야만인임을 확인하는가? 영문도 모른 채 끌려가 짐승처럼 취급당한 사람들인가, 사람을 짐짝처럼 싣고 가 착취하고 학대한 자들인가?

벌레의 박멸을 외치는 사회

인간은 자신의 동물적 한계를 끊임없이 감추고 부정하고자 한다. 이를 위해 사람들이 손쉽게 택하는 방법 중의 하나는 인간의 동물성을 특정한 집단의 고유한 특성으로 전가시키는 것이다. 이를 통해 사람들은 자신이 그런 동물적 특성과는 무관하며 전적으로 고귀한 존재임을 강조하고자 한다. 그래서 사회의 구성원들 중 누군가는 동물성을 전유하는 자, 인간이지만 인간이 아닌 자로 규정된다. 이때 특정인들을 차별하고 배제시키는 데 적극적으로 활용되는 감정 중 하나가 '혐오'다.

혐오는 사회에서 사람들 사이의 신분적 격차를 정당화하고 공고하게 만든다. 특정 집단 사람들에 대한 혐오는 그들이 원래부터 비천하고 열등한 존재, 동물에 준하는 존재로 취급받아 마땅하다는 편견과 결합한다. 대표적인 예로 장애인, 유대인, 여성, 동성애자 등에 대한 사회적 적대감과 증오를 생각해 볼 수 있다. 실제로 유대인이나 여성에게 혐오를 불러일으키는 특성들, 가령 불결하고 가증스러우며 거짓으로 가득 차 불신할 수밖에 없다는 식의 평가가 줄기차게 덧씌워졌다.

혐오의 대상은 반드시 제거되어야 할 존재로 취급된다. 현재 우리 사회에서 이런 배제의 논리는 특정한 사람을 '~~충(蟲)'이라 가리키는 표현들에서 확연하게 드러난다. 사람을 벌레에 빗대는 것은 그가 매우 혐오스럽다는 뜻이지만 그 존재 자체를 간단히 없애버려도 된다는 의미까지 포함한다. 벌레의 등장은 그것의 '박멸'을 위한 조치로 이어지기 마련이다.

그러나 같은 구성원을 벌레로 지목하고 증오하는 일이 벌어지는 사회만큼 살벌하고 불행한 곳이 또 있을까? 사람들은 벌레로 불리지 않기 위해 끊임없이 자신을 검열하고 타인의 시선을 두려워하며 살아야 한다. 타인들과 다름을 두려워해야만 하는 사회에서 사람들이 과연 자유로울 수 있을까? 한 사회가 얼마나 자유로운 곳인지는 어느 정도로 다양성을 인정하는지에 달려 있다. 달리 표현해서, 그 사회가 어느 정도의 배제와 혐오까지도 용인하는지에 의해 좌우된다. 사람을 벌레라 부르는 데 주저함이 없고 그런 용어들이 난무하고 있는 우리 사회는 자유주의와 획일주의 사이 어디쯤에 위치하고 있을까?

피카소는 <조선에서의 학살>이라는 제목의 그림을 통해 무고한 사람들에 대한 범죄 행위, 즉 한국전쟁 당시 미군에 의한 민간인 학살을 고발하고 있다. 작품 속 벌거벗은 사람들은 아무런 자기방어 수단이 없음을 상징하기에 그들을 향한 총구는 무차별적인 적대감을 적나라하게 드러낸다. 특히 임신한 여성과 겁에 질린 아이들을 위협하는 군인들의 모습은 우리를 깊은 혼란에 빠뜨린다. 그림 속 군인들은 힘없는 사람들을 언제든 간단히 제거해버려도 되는 존재, 박멸해야 마땅한 벌레쯤으로 취급하는 듯하다. 그러나 정작 사람 같지 않아 보이는 자들은 무방비의 민간인들이 아니라 총칼을 든 군인들이다. 우세함을 상징하는 근육, 단호해 보이는 태도, 감정 없는 표정 등은 그들을 사람이기보다는 기계, 병기, 고철 덩어리처럼 보이게 한다.

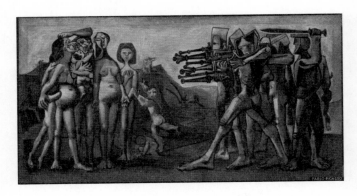

‖ 피카소, <조선에서의 학살>

국경 없는 지구촌

지난 수십 년간 전 세계를 아우르는 기치는 '세계화'였다. 사람들은 수많은 지역들을 촘촘하게 연결하고 어디든 넘나들 수 있도록 경계를 허물면서 지구촌을 현실화하는 것처럼 보였다. 하지만 이런 추세는 코로나바이러스감염증-19의 등장으로 일시에 꺾였다. 거대한 비행기와 선박을 정지시키고 전쟁마저 멈추게 한 것이 현미경으로도 볼 수 없는 미세한 바이러스라 하니 새삼 놀랍다. 많은 나라들이 문을 닫아걸었지만, 보란 듯이 바이러스는 그런 조치가 무의미함을 확인시켰다. 바이러스야말로 국경을 모른다. 지금껏 지구상에서 이보다 더 글로벌한 위세를 떨친 존재가 있었을까 싶다.

바이러스는 종을 가리지 않고 숙주를 찾는다. 동식물은 물론 심지어 세균에도 기생하는 바이러스에게 인종, 국적, 계급이 무슨 의미가 있을까? 하지만 인간은 아시아인, 중국인, 한국인, 대구 사람 등을 지목하여 낙인찍고 비난하고 폭력을 가한다. 바이러스 감염에 대한 우려를 사람에 대한 혐오로 표출하는 일은 어느 나라에서나 일어날 수 있지만, 문명국임을 과시하던 나라들에서 조롱, 폭언, 구타, 협박 등의 혐오 범죄가 빈번하게 발생하는 것은 더욱 씁쓸한 일이다. 특정 지역의 사람들을 혐오하던 사람들은 이내 똑같은 처지로 몰리고 혐오와 기피의 대상이 된다. 우리는 매우 큰 대가를 치르면서 혐오가 위기적 상황을 극복하는 데 걸림돌일 뿐임을 깨닫고 있다.

바이러스 전파를 막는 가장 확실한 방법은 모든 매개체 간의 접촉을 없애는 것이겠지만, 그렇게 하는 것은 거의 불가능하다. 사람들의 움직임을 통제하는 것도 어려운데 들짐승, 날 짐승, 물고기, 곤충 등의 이동과 바람길, 물길, 육로의 연결을 어떻게 완벽하게 끊을 수 있겠는가? 이런 상황에서 부유한 사람들은 휴양지나 섬에 들어가 단독으로 지내기도 하지만, 바이러스가 뚫고 들어가지 못할 안전지대는 없다고 보아야 한다. 여러 나라들이 전염을 막기 위해 국경을 폐쇄했지만, 코로나바이러스는 아이러니하게도 국경 없는 지구촌을 실감케 한다. 이것은 마치 바이러스가 우리에게 고립과 단절만이 능사는 아니라고 반복적으로 일깨우는 국면인 것 같다.

코로나바이러스가 휩쓸고 간 자리마다 그 누구도 혼자서는 살아갈 수 없다는 사실이 뚜렷해진다. 인간의 본성이 이기적이냐 이타적이냐는 오랜 철학사의 대표적인 논쟁이지만, 결국 인간은 전쟁과 재난의 폐허 가운데서도 이타적인 행동을 할 수 있는 존재임이 기나긴 인류사의 경험으로 증명되었다. 코로나바이러스로 인해 2차 대전 이후 최대의 위기를 맞았다는 지금도 타인과 공동체를 위해 헌신하는 수많은 사람들을 볼 수 있다. 그 누구도 그들 전부가 그 어떤 보상이나 조건을 따져서, 혹은 사회적인 인정과 명예를 바라고 행동했다고 확언할 수 없다. 오히려 마음이 시키는 대로 따랐을 뿐이라고 말할 평범한 사람들이 많을 것이다.

전쟁 시기 실존주의적 사조가 광범위하게 번지듯, 세계대전에 비유되는 현재의 상황은 인간이 어떤 존재인지에 관한 근본적인 물음을 갖게 한다. 코로나바이러스가 만들어놓은 특수하고 극단적인 현실 속에서 인간다움의 방향성과 가치는 더욱 선명해질 것이다. 인간의 본성을 이기심에서 찾은 홉스조차 인간은 자신을 위해서라도 타인과의 평화와 공존을 추구하기 마련이라고 보았다. 이것은 인간이 자연상태에서 벗어나 동물과는 다른 사회적 존재로서의 삶을 살기 위한 최소한의 조건이다. 결국 인간은 서로 교류하고 관계 맺고 협력하면서 살아가야 하는 존재라고 볼 수밖에 없다. 그렇기 때문에 인간이 자신뿐만 아니라 타인도 위할 수 있을 때 그의 본성에 부합하는 삶이 열린다. 극단적인 상황에 처할수록 사람을 일으켜 세우는 힘은 각자도생을 위한 이기심이 아니라 힘겨워하는 사람을 향한 연민, 위로를 건네는 마음에 있다. 코로나바이러스를 극복하기 위한 최선의 길도 인류애적 연대와 협력을 통해 열릴 것이다.

진정 혐오스러운 것은 '혐오'뿐

철학자 콜나이는 그의 저서에서 "혐오 외에는 그 어떤 것도 혐오스럽지 않다"는 격언을 언급하는데,[10] 이것은 혐오의 핵심적인 문제를 꿰뚫는 통찰이라 할 만하다. 혐오는 기본적으로 나와 타인과의 차별을 전제하며, 특정 집단의 사람들을 억

10　Kolnai, Ekel, *Ekel, Hochmut, Hass:Zur Phänomenologie feindlicher Gefühle*, Suhrkamp, Frankfurt am Main, 2007, 63쪽 참조.

압하고 배제시키는 데 활용되는 감정이기 때문이다. 가령 장애인, 여성, 유대인 및 유색인, 동성애자 등에게 씌워진 혐오적 특징들은 대부분 악의적으로 가공되고 과장된 것들이다. 즉 이들이 혐오의 대상이 된 이유는 본래 증오할만한 특성을 가졌기보다는 그렇게 만들어질 필요가 있었기 때문이다. 그러므로 이들을 향한 혐오는 매우 비합리적인 감정이라고 볼 수밖에 없다.

사람이 사람을 혐오스러운 존재로 대한다는 건 어떤 의미일까? 우리가 생명을 가진 존재로서 치명적으로 위험한 물질에 대해 거부감을 갖고 그것을 회피하려는 반응을 보이는 것은 당연하다. 이것은 누스바움이 말한 원초적 혐오에 해당한다. 그러나 인간이 아닌 사물이나 물질에 대해서 갖는 이러한 혐오감을 다른 '인간'에게서 느낀다는 것은 진정 수용하기 어렵다. 인간은 누구나 결점을 갖고 있고 불완전하며 이러저러한 잘못을 저지르는 존재이다. 이러한 인간이 같은 인간을 혐오의 대상으로 삼는 것은 결과적으로 자기모순에 이를 수밖에 없다.

혹자는 인간의 비도덕성이나 정신적 타락에 대해서 충분히 혐오의 감정을 느낄 수 있다고 옹호한다. 그러나 인류 역사상 혐오의 이름으로 특정한 집단에 가해진 많은 일들은 그것이 얼마나 비합리적이고 부당한 판단이었는지를 확인시켜준다. 혐오는 일부의 사람들에게 나쁜 속성들을 모두 귀속시킴으로써 자기 존재의 우월성과 고귀함을 확인하려는 왜곡된 사고와 연관된다. 설사 매우 비도덕적이고 악한 생각을 가진 사람이 공동체에 심각한 해악을 끼치더라도, 그에게 응당 돌아가야 하는 것이 반드시 혐오와 배척은 아니다. 누스바움에 따르면, 그런 사람에 대한 더 적절한 감정은 '분노'이다. 물론 이럴 경우 분노는 사적인 해결이나 복수를 동반하는 감정이 아니라 공적이고 법적인 절차를 통해 그의 잘못을 시정하도록 하는 감정이어야 한다.

누스바움은 혐오가 인간성을 무너뜨리는 감정이라고 본다. 그 이유는 혐오가 사람들 간의 차별을 정당화하면서 인간 존엄성을 훼손하기 때문이다. 혐오는 인간적인 한계와 결점을 사회의 일부 구성원들만의 고유한 속성인 것처럼 만드는 데 적극 활용된다. 많은 지배자들이 이런 방법으로 특정한 집단을 매도하고 억압하면서 권력을 유지해왔다. 그러나 완전히 질적으로 우월한 존재로서 다른 인간들 위에 군림할 수 있는 자격을 가진 사람은 이 세상에 없다. 모든 인간은 불완전하고 나약하며 수많은 결점을 가졌기 때문이다.

혐오는 외부 대상을 향하고 있지만, 모든 사람이 인간적 한계를 벗어날 수 없음을 인정한다면, 그 감정으로부터 자유로울 수 있는 사람은 없다. 혐오하는 자는 혐오 대상과의 근본적인 차이를 전제하지만, 인간들 간에 그런 차이는 본질적으로 성립되지 않는다고 보아야 한다. 그 어떤 사람도 완전무결할 수 없고 인간의 본래적 나약함과 동물성에서 자유로울 수 없기 때문에, 사람들 사이에서 혐오를 정당화할 수 있는 근거는 없다. 그런데도 혐오를 통해 특정한 집단을 사회에서 배제시키려는 사람들은 그런 차이를 확신하면서 만인의 평등을 부정한다. 이런 태도는 결국 자신을 있는 그대로 인정하지 못하고 스스로를 부정해야 하는 상황에 빠트린다.

그러나 다른 한편으로 우리는 지극히 평범한 인간으로서 일상적으로 흔하게 혐오감을 느끼는 존재임을 부정하기 어렵다. 혐오는 우리 자신의 인격적 부족함에서 비롯되며 그런 한계 자체를 드러내는 증거이다. 이런 점에서 우리는 혐오 역시 우리 자신의 수많은 모습들 중 일부를 이루는 감정임을 시인하지 않을 수 없다. 그러나 동시에 혐오는 우리의 인간성을 지키기 위해 부단히 떨쳐내어야 할 감정이기도 하다. 이렇듯 혐오는 분명 문제적인 감정이지만, 우리는 이 감정에 대한 깊이 있는 고찰과 반성을 통해 내적인 성장을 이루고 우리의 인격을 조금은 더 나은 방향으로 이끌 수 있다. 또한 혐오에 대한 성찰은 인간 존재에 대한 근본적인 질문을 제기하고 그를 통해 우리 자신에 대한 이해를 높일 수 있다는 점에서 큰 의의를 갖는다.

II. 수치심

사람이 부끄러워하는 마음이 없는 것을 부끄러워한다면
부끄러워할 일이 없을 것이다.
— 맹자

수치심은 자신의 결점을 부정하고 싶은 마음에서 비롯된다. 스스로의 부족함을 부끄럽게 여기는 마음은 자신이 훌륭하고 좋은 사람이기를 바라고, 또 그럴 수 있다는 기대감을 반영한다. 이런 점에서 수치심은 어느 정도 자기애와 자존감을 전제한다고 해야 할 것이다. 그러나 이와 동시에 수치심은 타인의 시선을 지나치게 의식하고 외부적인 판단에 따라 스스로를 평가하는 태도와도 무관하지 않다. 그래서 이 감정은 인격의 성숙을 위해 권장하기보다는 반드시 극복해야 하는 타율적인 감정으로 간주되기도 한다.

다른 한편, 수치심은 개인적인 차원에서만이 아니라 사회적인 문제와 관련해서도 고찰해볼 만한 감정이다. 수치심이 스스로의 결함에 대한 반성으로 이어진다면 더 나은 방향으로 발전할 수 있는 계기로 작용할 수 있듯이, 어떤 사회의 부조리와 결함에 대한 구성원들의 수치심 역시 그 사회의 변화와 발전을 추동시키는 하나의 계기가 될 수 있다. 다만 수치심은 언제든 완벽함에 대한 과도한 열망과 연결될 수 있고, 자기 비하와 자기 부정으로 이어질 수 있음을 경계해야 한다. 이런 점에서 인간의 근원적인 불완전함을 인정하고 수용하는 태도가 중요하게 요구된다.

두 얼굴의 수치심

'내 자신이 부끄럽다'는 말은 겸손과 오만 중 어느 쪽에 더 가깝다고 할 수 있을까? 그것은 자신이 부족한 사람임에 대한 솔직한 인정일 수도 있고, 자신만은 부족함이 없는 사람이어야 한다는 일종의 욕심을 내포하는 말일 수도 있다. 전자는 겸손한 고백일 수 있지만, 후자는 완벽한 자아상에 대한 환상에서 비롯된다. 그런데 겸손이 지나치거나 왜곡되면 자기를 비하하거나 자신감을 잃어버릴 수 있다. 이와 반대로, 자기 자신에 대한 적절한 기대와 욕심은 건강한 자신감의 토대로서 스스로의 성장과 발전에 도움이 되기도 한다.

본래 완벽할 수 없는 인간이 완벽해지기를 바라는 것은 양가적인 측면을 갖는다. 우리는 부족한 사람이기 때문에, 현재 상태에 안주하지 않고 더 나아지고자 희망하고 노력해야 한다. 이와 반대로 완벽함에 대한 희망은 자신의 존재가 '완벽할 수 있음'을 은연중에 전제한다는 점에서, 즉 자신을 그 정도로 과대평가한다는 점에서 문제적일 수 있다. 그래서 불완전함에 대한 일종의 불만인 수치심은 전자의 경우처럼 인격적인 수양과 발전에 도움이 될 수 있는 반면, 후자의 경우처럼 자기 자신의 인간적인 한계를 받아들이지 않고 비현실적인 자아상을 갖도록 한다.

다른 한편, 수치심의 자율성과 타율성에 관한 의견도 대립적으로 나뉜다. 우리가 얼굴을 붉히고 부끄러움을 느끼는 때는 우리 자신의 특정한 모습이 타인들에게 드러나기를 원치 않았으나 실제로 드러난 경우이다. 혼자일 때는 부끄럽지 않지만 여러 사람 앞에서는 부끄러워지는 상황을 통해 알 수 있듯이, 수치심은 기본적으로 타인의 시선을 전제로 한다. 주로 서구적인 관점에서 수치심은 타인의 눈과 평가를 의식함으로써 생성되는 감정이므로 타율적이라 간주하고 그것의 극복을 강조한다.

반면에, 수치심은 자신의 결점을 인식하고 성찰하기 위해 필수적이라고 볼 수도 있다. 즉 이는 이 감정이 인격의 도야와 도덕성의 고양을 위해 노력하는 과정에서 스스로 느끼는 것이지 외부적인 간섭에 의해 억지로 갖게 되는 것이 아니라는 관점이다. 이런 점에서 수치심은 자율적인 감정이자 인간이라면 누구나 마땅히 가져야만 하는 도덕적인 마음이다. "부끄러움을 모르는 자는 사람이 아니"[1]라는 맹자의 말씀은 스스로의 결함을 인정하지도 반성하지도 않는 태도에 대한 단호한 비판이다.

종합적으로 생각해본다면, 수치심에 있어서도 중용이 필요하다. 결점을 부끄럽게 여기는 마음은 너무 지나쳐서도, 너무 모자라서도 안 된다. 그 마음이 과도하면 자기비하 혹은 완벽주의라는 양극단으로 흐를 수 있고, 그 마음이 전무하면 후안무치함으로 뻗칠 수 있기 때문이다.

부끄러움은 우리의 몫

수치심과 관련하여 한 가지 생각해볼 점은 이 감정이 흔히 성적인 것과 긴밀하게 연결된다는 것이다. 이와 관련해서 누스바움은 아리스토파네스의 연설을 인용하면서 한 가지 가능한 해석을 소개한다. 우리는 플라톤의 『향연』에서 인간의 기원에 관한 아리스토파네스의 이야기를 들을 수 있다. 그의 신화적인 상상에 따르면 인간은 본래 두 성의 결합으로 완전체를 이루었으며, 그에 따라 각각 세 가지 형태의 결합(남남, 여여, 남녀) 중 하나의 모습을 취했다. 이런 본래적 인간은 지금보다 힘이 세고 빠르게 움직일 수 있었고, 이에 위협을 느낀 신들은

---

1   맹자, 『맹자』 공손추 상 6.

결국 이들을 반쪽으로 분리시켜 약해지도록 만들었다. 그 결과 각각 남녀로 분리된 현재의 인간이 탄생하게 되었다. 이런 태생적 근원에 의해 인간은 원래 자신의 모습을 이루던 나머지 반쪽을 찾으려는 경향성을 가지며, 바로 이것이 에로스의 본질이다.[2]

누스바움은 아리스토파네스의 이야기에서 인간의 성을 '완전함의 결여'로서 바라보는 관점을 주목한다. 이것은 성적 행위가 인간의 적나라한 동물성을 확인시키기 때문에, 즉 인간이 스스로에게서 부정하고 싶은 모습을 노골적으로 드러내기 때문에 혐오감을 불러일으킨다는 견해와 일맥상통한다. 인간은 잃어버린 반쪽을 찾으려는 성적 욕구를 통해서 결국 자신이 완전하지 못한 존재임을 확인한다는 것이다. 물론 누스바움은 이것이 수치심에서 본질적으로 중요한 내용이라고 생각하지는 않지만, 성적 수치심의 근원에 관한 하나의 설명일 수는 있다고 본다.

성적 수치심이라는 주제와 관련하여 우리 사회의 관음증적 욕망에 대해 이야기하지 않을 수 없다. 누군가의 섹스 동영상에 열광하고, 리벤지 포르노를 유포하며, 심지어 연인과 가족의 신체 사진을 게재하는 등 타인의 몸과 성을 단순한 눈요깃감으로 만드는 일들이 우리 사회에서 빈번하게 일어나고 있

---

2   플라톤, 『향연』, 최명관 옮김, 숲, 2012, 275-282쪽 참조.

다. 이런 현상이 심각한 수준에 이른 데에는 불법 영상물의 제작자와 그를 통해 거대한 이익을 챙기는 성 산업에 큰 책임이 있지만, 다른 사람의 사생활을 엿보고 즐기려는 사람들의 잘못도 크다. 사적이고 은밀한 영역을 몰래 찍은 영상이 유포된다는 것은 그것을 소비하려는 사람들이 그만큼 많다는 것을 의미한다.

불법 다운로드 사이트에서 영상물을 구하는 사람이 만약 피해자의 고통을 자신의 경험으로 똑같이 느낀다면, 과연 그런 소비를 계속 이어갈 수 있을까? 우리는 불법 촬영물의 구매가 누군가의 인격과 삶을 완전히 파괴하는 일임을 진정으로 심각하게 생각하고 깊이 성찰해야 한다. 더욱이 불법 영상물의 피해자에게는 견디기 힘든 수치심과 고통을 안기는 데도 그것을 소비하려는 이유가 단지 호기심과 즐거움의 추구라면, 이것을 우리는 어떻게 이해해야 할까? 이런 가학적 행위는 '인간이란 어떤 존재인가'라는 근본적인 물음과 함께 우리 자신에 대한 커다란 좌절감을 불러일으킨다. 타인에게 고통을 주는 방식으로 쾌락을 추구하는 일은 자기 자신을 위해서도 즉시 중단되어야 한다.

무엇보다도, 우리는 몰래 찍은 영상을 유통시키고 소비하는 것이 '불법'임을 명확히 인식할 필요가 있다. 그것은 우리의 사적 욕망을 추구하고 해소하는 문제에 국한되지 않는다. 정확히 말해서 그것은 각자의 사생활을 넘어서 타인의 고유한 사적 영역을 침해하는 '범죄'다. 우리 사회의 관음증적 열광은 인간의 욕망이 얼마나 비밀스럽고 변태적이며 비도덕적인지를 드러내는 문제로서가 아니라, 우선적으로 폭력과 가해 그리고 처벌에 관한 법적인 문제로서 인식되어야 한다. 욕망은 욕망이고 범죄는 범죄다. 욕망의 탈을 쓴 범죄가 사생활의 보호라는 미명 아래 도피하도록 내버려 둬서는 안 된다.

불법 촬영은 명백한 범죄이므로, 수치심을 느껴야 하는 쪽은 이 범죄의 피해자가 아니라 가해자다. 더불어 이런 범죄와 관련하여 우리가 수치심을 느껴야 한다면, 그 대상은 카메라에 몰래 담긴 모습이나 행위가 아니라 타인의 사생활을 훔쳐보려는 우리 자신의 욕망이다.

여기서 잠시 '고다이바' 부인에 관한 이야기를 떠올려볼 만하다. 먼 옛날 영국 코번트리 지역의 사람들이 높은 세금에 시달리며 살고 있었는데, 이를 안타깝게 여긴 그곳 영주의 부인이 세금 감

‖ 쥘 조제프 르페브르, <레이디 고다이바>

면을 남편에게 청했다. 영주는 청을 들어주지 않을 생각으로 만약 부인이 아무것도 입지 않고 마을을 돌고 오면 부탁을 들어주겠다고 했다. 부인이 절대 그런 일을 하지 않을 것이라는 영주의 예상과 달리, 그녀는 그곳 사람들을 위해 그 일을 감행한다. 부인이 정말 벌거벗은 채 행진을 시작했을 때, 마을 사

람들은 모두 집으로 들어가 문을 닫고 행진이 끝나기를 기다렸다. 그런 일이 있은 후 영주는 세금을 감면할 수밖에 없었고 사람들은 기뻐하며 부인에게 감사했다. 그 부인의 이름이 바로 '고다이바'이다.

이 이야기의 후담으로, 고다이바 부인의 행진을 몰래 훔쳐 본 사람이 있었다고 전해진다. 이름이 톰이었다는 그 사람은 그 일로 큰 벌을 받았다고 하는데, 눈이 멀었다고도 하고 죽었다고도 한다.

고다이바 이야기는 우리 사회의 현실에서 깊이 생각해 보아야 할 것들을 일깨운다. 창문을 닫아걸고 커튼을 내린 채 고다이바의 행진이 끝나기를 숨죽여 기다리던 사람들의 마음은 정녕 우리 사회의 정서가 될 수 없는 것인가? 타인의 수치심과 고통을 외면하는 오늘날의 수많은 '톰'들은 고다이바 이야기에 현실성을 더해준다. 그들은 실제 욕망에 눈이 멀었고 스스로를 망가뜨리고 있다.

여담으로 덧붙이면, 고다이바에 관한 많은 그림들은 여인의 나신을 필요 이상으로 강조하고 세밀하게 묘사함으로써 이 이야기의 메시지에 반하는 방향으로 나아간다. 즉 대부분의 그림들은 아이러니하게도 이야기 속의 사람들이 끝끝내 보지 않으려 했던 모습을 적나라하게 드러내고 있다. 그 가운데 르페브르의 그림은 그런 노골적인 경향이 비교적 덜한 작품이다. 우선 르페브르는 고다이바를 태운 말과 그 곁에 있는 하녀를 비중 있게 그려내고 그들 가까이 새들까지 등장시킴으로써 고다이바에게 향하는 시선을 분산시키고 있다. 또한 인물들 뒤로 길게 이어진 골목의 배경마저도 관람자의 눈을 자연스럽게 원거리 지점으로 이끈다. 그래서 우리는 고다이바의 나신에만 관심을 집중시키지 않고 작품 전체에 팽배해 있는 적막하고 침통한 분위기가 어디에서 연유하는지를 생각할 수 있게 된다.

노동자의 컵라면

수치심은 보통 개인적인 차원에서 문제가 되는 감정이라 생각되지만 사회적인 관점에서도 고찰해볼 만하다. 누스바움은 미국의 빈곤층 정책과 에렌라이히의 견해를 소개하면서 사회적 수치심에 대해 주목하고 있다. 이 감정은 가령 사회 안전망이나 복지 시스템이 미흡한 곳에서 취약 계층의 사람들이 비참하게 살아가며 고통당할 때, 같은 사회의 구성원으로서 이를 목격하며 느끼게 되는 일종의 책임감과 부끄러움에 해당된다.

2016년 서울 지하철 구의역에서 한 비정규직 노동자가 목숨을 잃었다. 그는 2인 1조로 작업해야 할 일을 혼자 맡았다가 사고를 당했다. 이제 막 사회로 진출한 젊은 청년, 우리에게는 이름도 알려지지 않은 김 군의 죽음에 많은 사람들이 애도를 표했고 다시는 그런 불행이 반복되지 않아야 한다고 외쳤다.[3] 그러나 김 군의 사고 후 2년 만에 또다시 한 청년이 산업재해로 사망하는 일이 벌어졌다. 2018년 태안화력발전소의 비정규직 노동자 김용균 씨가 바로 그 청년이다. 그는 업무나 작업 환경에 대한 충분한 교육을 받지 못한 상태로 위험한 현장에 투입되었으며, 구의역의 김 군처럼 동료 없이 혼자 일을 하던 중 사고를 당했다.[4]

이 두 사람은 모두 비정규직 노동자로서 열악한 노동 환경에서 강도 높은 작업을 수행해야 했다. 구의역의 김 군은 사고를 당한 지점에서 작업 후 곧바로 다른 현장으로 이동해야 하는 상황이었기에 상당한 시간적 압박을 느끼면서 일했을 것이라 짐작된다. 김용균 씨 역시 야간에 어둡고 드넓은 작업장에서 손전등 하나에만 의지해 시설을 점검하면서 커다란 긴장과 두려움을 견뎌야 했을 것으로 추정할 수 있다. 그는 헤드 랜턴을 지급받은 적이 없으며, 손전등마저도 사비로 마련했다고 한다. 그의 동료들은 김용균이 아니었다면 자신이 그러한 사고를 당했을 것이라 이야기한다.

그런데 더욱 답답한 현실은 이러한 산업재해가 발생했을 때 책임 주체가 불분명하다는 것이다. 그 이유는 직접 고용이 이루어지지 않은 탓에 본사와 용역 업체가 서로 책임을 떠넘

---

3 「구의역 스크린도어사고… 비정규직·하청노동자 실태 드러내」 연합뉴스(2016. 12. 14).

4 「'2인1조' 실종… 태안 비정규직 참사, '구의역 김 군 사건' 판박이」 한겨레(2018. 12. 12).

기기 때문이다. 그래서 노동자들은 죽음의 외주화를 멈추어야 한다고 절박하게 외친다. 노동자들이 생명을 걸고 일해야만 하는 근본적인 원인은 비용 절감의 논리에 있으며 그것은 물론 이윤의 극대화를 위한 방안이다. 다시 말해서 노동자들에게 최소한의 안전과 작업환경을 보장하는 것마저 돈 문제 앞에서는 쉽게 포기되는 것이다.[5]

우리는 열악한 환경에서 일하는 사람들의 수고를 자주 목격한다. 수년 전 화장실에서 점심을 해결해야 하는 청소 노동자들의 실상이 보도된 이후에도 여전히 많은 노동자들이 제대로 쉴 공간도 없는 환경에서 일하고 있다. 김 군과 김용균의 가방에서 나온 컵라면은 식사 시간도 휴식 공간도 없는 노동자의 현실을 가리킨다.[6] 몇 해 전 화재 진압 후 컵라면으로 허기를 달래는 한 소방관의 사진이 온라인에서 화제가 되었다. 그 모습을 본 많은 시민들이 소방관의 열악한 근무 환경이 개선되기를 기대했지만, 소방공무원은 2020년에야 국가직으로 일원화되었다. 우리 사회는 언제까지 땀 흘려 정직하게 일하는 사람들이 노동 현장에서 죽어가는 것을 막지 못하고 그것이 예견된 사고, 인재였음을 확인해야 하는 걸까? 힘들게 일하는 사람들이 제대로 보상받는 사회, 남들이 하기 싫은 궂은일

---

5   「김용균법으론 '역부족'… 사슬 여전한 '죽음의 외주화'」노컷뉴스(2019. 01. 14); 「[하종강칼럼] 노동현장의 '김용균들', 지금도 많다」한겨레(2018. 12. 18).

6   「고 김용균씨 유품에도 컵라면… 사비로 산 손전등도」경향신문(2018. 12. 16).

을 하는 사람이 감사와 인정을 받은 사회, 누구나 깨끗하고 안전한 공간에서 일할 수 있는 그런 사회는 진정 우리의 현실과는 상관없는 이상일 뿐인가?

근면한 산업역군의 시대 이후 대한민국은 얼마나 멀리 와 있을까? 나라 경제의 성장만이 중요하던 그 시절에서 현재 우리 사회는 얼마나 발전했다고 할 수 있는지 2016년의 김 군과 2018년의 김용균은 묻고 있다.[7] 두 청년의 죽음 후에도 산재, 외주화, 원청의 책임회피, 비용 절감을 위한 희생 등의 단어가 뉴스에서 끊이지 않는다. 2020년 5월에는 한 달 동안 1만 건 이상의 배송을 위해 매일 14시간 이상 일해야 했던 어느 택배 기사의 갑작스러운 죽음이 비보로 전해졌다. 재활용업체에서 일하던 20대 청년 김재순 씨가 파쇄기에 끼어 숨지는 일도 같은 달에 발생했다.[8] 이후 6월에는 청소 노동자가 쓰레기 수거차량에 끼어 사망한 사건[9], 맨홀을 청소하던 노동자들이 질식하여 숨진 사건[10] 등이 보도되었다.

2020년에도 여전히 어느 글로벌 기업의 해고노동자는 철탑 위 농성을 300일 넘게 이어갔고, 2020년에야 비로소 그 기

---

7 「김용균 없는 김용균법 시행되는 2020년」 프레시안(2020. 02. 21); 「김용균법 첫날 맞았지만… "김용균씨 살아있다면 다시 하청노동자된다"」 국민일보(2020. 01. 16).

8 「청년 장애인 노동자 '김재순'의 죽음을 아시나요?」 오마이뉴스(2020. 06. 15).

9 「청소 노동자, 쓰레기 수거차량에 끼어 숨져」 경향신문(2020. 06. 15).

10 「대구서 맨홀 청소 노동자 4명 질식… 2명 사망」 경향신문(2020. 06. 28).

업은 경영권 대물림 방지와 노동 삼권 보장을 약속했다. 우리 사회에서 2020년은 노동자의 기본적인 권리 실현을 위해선 너무 이른 시점인가? 그렇다고 하기엔 '글로벌'이란 수식어가 너무나 낯 뜨겁게 느껴지는 오늘날에도 여전히 성장과 효율을 위해 노동자들의 피와 땀, 목숨까지도 가볍게 여긴다면, 다음에는 바로 우리가 김 군과 김용균으로 희생될지도 모른다. 인권을 경시하는 사회에 대한 수치심은 여전히 우리 자신의 몫으로 무겁게 남아있다.

'깔창 생리대'

월경은 자연스러운 생리 현상이지만 전형적으로 더럽고 수치스러운 일로 인식되어 왔다. 그래서 그것은 다른 사람들 앞에 드러나서는 안 되고 가급적 감추어야만 하는 일로 간주되었다. 이제는 생리대가 텔레비전 광고에도 등장하지만 상점의 계산대에선 종이나 비닐로 보이지 않게 담아주는 일이 흔할 만큼, 월경을 부끄럽고 불편하게 여기는 시선은 여전히 널리 존재한다.

월경에 대한 이런 부정적인 인식은 초경을 맞는 청소년들에게 불안, 당혹감, 수치심을 가중시킬 수 있다. 청소년들은 심리적으로 불안하고 예민한 시기를 보낸다. 이때 신체의 변화에 대해 세심하게 알려주고 챙겨줄 사람이 없어 혼자 알아서 모든 것을 감당해야만 한다면, 그것은 청소년에게 매우 버거운 일일 것이다. 안타깝게도 우리 사회의 많은 청소년들에게 월경은 이미 상처이자 두려움으로 각인되었을지도 모른다.

2016년 '깔창 생리대' 보도는 많은 사람들에게 큰 충격으로 다가왔다. 저소득층 가정의 청소년 중 생리대를 살 수 없어 신발 깔창이나 휴지를 사용한다는 것이 그 내용이었다. 며칠 결석한 학생이 걱정되어 가정 방문한 선생님은 집에서 수건을 깔고 누워 있던 제자와 함께 그저 울 수밖에 없었다고 한다. 그 학생은 생리대를 살 수 없어 학교에 나오지 못했던 것이다. 또 다른 학생은 월경 중에 무슨 냄새가 나는 것 같다는 친구의 말을 모르는 척 넘겼지만 생리대를 자주 바꾸지 못해 벌어진 일임을 직감했고, 그날 집에 돌아와 가누기 힘든 수치심에 혼자 울었다고 한다. 청소년들의 이런 사연은 우리에게 깊은 슬픔과 참담함은 물론, 무엇이라도 반드시 해야만 한다는 책임감을 일깨운다.[11]

누군가는 딸의 초경에 꽃을 선물하고 파티를 열어줌으로써 열린 사고를 가진 '신식' 부모라는 찬사를 받을 수 있을지 모른다. 그러나 그것이 우리 사회의 어른들이 해야 하는 일의 전부일까? 이 질문 앞에서 우리는 생리대 대신 휴지와 신발 깔창을 쓰고, 생리대를 자주 갈지 못해 곤혹스러운 청소년들의

11　「생리대 살 돈 없어 신발 깔창, 휴지로 버텨내는 소녀들의 눈물」 국민일보(2016. 05. 26); 「"냄새나"… '깔창 생리대' 논란 2년 "수치심에 울었다"」 오마이뉴스(2019. 03. 05).

수치심이 결국 우리 사회가 떠안아야 할 것, 어른들의 몫임을 직시하게 된다. 깔창 생리대는 무너진 인권을 표상한다. 그것은 아이들의 학습권, 건강과 의료에서 기본적인 수준의 혜택을 누릴 권리, 부모와 사회의 보호를 받을 권리, 인간적이고 행복한 삶을 살 권리가 박탈되었음을 의미한다.[12] 이 상황에서 어른이라면 누구나 아이들의 눈물과 고충에 대해 무거운 책임감을 가져야 한다.

그러나 아이들에게 부끄럽고 미안한 마음이 앞섰기 때문이라고 하기엔, 우리 사회의 대처는 너무나 편의적이고 일방적이다. 가령 저소득층 청소년이 생리 지원 물품을 학교나 동사무소에서 직접 받아가도록 하는 방식이 그러하다. 또래 친구들에게 자신이 저소득층 가정의 자녀임이 드러나는 것도 싫지만, 생리대를 지급받는다는 사실까지 알려지는 것은 더욱 불편한 일임을 어른들은 고려하지 않았다. 우리가 그런 식의 편의주의적 발상에 대해 부끄러워하는 일이 앞으로 더는 반복되지 않기를 바란다.[13]

---

12 「깔창 생리대와 '불쌍한 여고생'?」오마이뉴스(2019. 11. 05).

13 「'깔창 생리대' 충격 3년, '청소년 생리대 보편지급' 왜 안되나」오마이뉴스(2019. 10. 26); 「'깔창 생리대'이후 3년… 여전히 '그날'이 두려운 소녀들」세계일보(2019. 05. 07).

미래를 맞이하는 부끄러움

수치심은 때로 문제적 상황을 바꾸고 개선하도록 하는 동력이 된다. 한편으로는 개인의 인격적 성장을 위한 거름으로, 다른 한편으로는 사회의 변화 발전을 위한 계기로 작용할 수 있다. 이런 점에서 수치심은 분노와 비슷한 면을 가졌다. 분노 역시 잘못된 것을 바로잡으려는 의지와 행동으로 이어질 수 있기 때문이다. 이 감정들은 선한 의지와 결합하고 이성적 성찰의 과정을 거쳐 긍정적인 방향으로 승화한다. 앞서 언급했던 '사회적 수치심'도 이에 해당한다.

이 지점에서 제인 구달이 말하는 '부끄러움'에 대해 함께 생각해 보는 것도 좋겠다. 그녀는 지구의 환경에 관한 관심을 호소하면서 동물 학대와 자연 파괴에 대해 부끄러움을 느낀다고 말한다. "우리가 일단 이 모든 사실을 인정한다면, 즉 인간만이 개성과 마음과, 그리고, 위에서 이야기한 모든 감정을 가지고 있는 존재가 아니라는 것을 안다면, 우리는 지구상에 있는 감각과 지혜를 가진 모든 생명들을 이용하고 학대하는 것에 대해 생각할 수 있습니다. 이런 사실로 최소한 제 자신에 대해서 부끄러움을 느낍니다."[14]

우리는 동물들이 의식이나 감정을 갖지 않는다는 통념에

---

14   제인 구달의 <TED> 강연(https://www.youtube.com/watch?v=by4od5BKCe4) 참고.

근거하여 그간 너무나 쉽게 그들을 이용하고 괴롭혀왔다. 매일 매끼 값싼 고기를 먹기 위해 공장에서 제품을 찍어내듯 가축을 키운다. 밤새 켜진 전깃불 아래 쉼 없이 사료와 항생제를 먹고 크는 닭들, 스트레스로 인해 서로를 쪼아대다 부리를 잘리고 동족의 사체와 배설물이 나뒹구는 곳에서 시력을 잃는 칠면조들, 좁고 불결한 우리에 갇혀 몸집만 키우다 도살당하는 돼지들, 평생 기계처럼 새끼만 낳다가 죽는 암컷들, 고기맛 때문에 일찍 거세당하는 수컷들… 등 수많은 동물들이 인간의 욕심 때문에 고통스럽게 살다 고통스럽게 죽는다.

이처럼 동물들이 끔찍한 고통을 겪는 이유는 단지 우리가 더 값싸게 먹고 더 자주 미각을 즐겁게 하고 더 많이 돈을 벌려고 하기 때문이다. 그러나 결코 외면할 수 없는 사실은 동물도 느끼고 의식할 수 있는 존재라는 것이다. 우리 자신이 언제나 고통을 피하고 싶어 하는 마음을 생각한다면, 무자비하고 비인간적인 공장식 동물 사육을 더 이상 못 본 척 방치해서는 안 된다.

우리는 생존을 위해 필요한 양을 훨씬 초과하여 고기를 먹는다. 많은 가축을 키워내기 위해 거대한 규모의 땅에 곡식을 재배하고 그것으로 사료를 만든다. 땅은 황폐해지고 홍수 피해가 심각해진다. 수많은 사람들이 기아로 허덕이지만 넓은 땅에서 자란 작물은 사람이 아니라 짐승에게 돌아가고, 돈 있는 사람들은 그 짐승을 먹는다. 축산 농가에서 배출되는 엄청

난 양의 분뇨는 공기를 더럽히고 지하수를 오염시킨다. 그리고 그 공기와 물을 사람이 마신다.

물론 육식을 줄이거나 포기하는 일이 누구에게나 쉽지는 않다. 그러나 비용 절감을 위해 동물들을 참혹한 환경에 몰아넣어 병들게 하고 잔인한 방식으로 도축한다면, 그것이 우리의 건강마저도 위협하지 않으리란 보장은 없다. 더욱이 대량 사육은 환경을 파괴하고 지역 및 국가 간의 불균형과 기아 문제 등을 악화시킨다. 이 모든 희생을 감수하려는 이유가 불필요하게 과다한 육류 섭취 때문이라면, 우리의 선택은 과연 합리적인가?

현대인의 욕구와 소비를 충족시키려면 지구와 같은 행성이 얼마나 더 많이 필요할지 모를 정도로 우리는 이 땅의 존립 자체를 위협하고 있다. 이것은 우리의 현재만이 아니라 미래를 포기하는 일일 수 있다. 제인 구달은 미래 세대에 대한 죄책감과 부끄러움을 다음과 같이 밝힌다. "제겐 3명의 손자가 있는데 그 아이들이 만약 고등학교나 대학에 가게 돼서 나에게 이렇게 말하는 것을 상상합니다. '화가 납니다. 우리는 절망으로 가득합니다. 왜냐면 당신이 우리의 미래를 더럽혔기 때문입니다. 우린 아무것도 할 수 없습니다.' 저는 어린 손자들의 눈을 들여다봅니다. 그리고 내가 그들의 나이였을 때에 비해 얼마나 많이 이 별을 더럽혔나 생각합니다. 저는 깊은 부끄러움을 느낍니다."[15]

그러나 제인 구달의 수치심은 무력감, 현실 도피, 절망으로 빠지지 않는다. 오히려 현실의 문제를 직시하고 할 수 있는 일을 찾아 거기서부터 변화를 만들어내도록 한다. 제인 구달은 야생동물 포획과 벌목으로 인한 폐해, 자원 고갈과 환경 파괴의 심각성을 알리고 이를 해결하기 위해 장기적인 방안을 추진하면서 동참을 호소하고 있다. 우리는 제인 구달의 부끄러움에서 현재를 각성하게 할 뿐 아니라 미래를 기약하도록 해주는 인간적인 힘을 발견할 수 있다.

포토라인에서 숙인 고개

사회적으로 물의를 일으켰거나 중한 범죄를 저지른 사람들 중 대부분은 대중의 시선 앞에 세워졌을 때 얼굴을 가리고 고개를 숙인다. 그런 태도는 부끄러운 일을 저질렀음에 대한 인정과 유감으로 이해된다. 부끄러운 일을 행할 때는 부끄러워하지 않던 사람들이 공중의 눈앞에서 부끄러움을 드러낸다면, 그것은 때로 임기응변의 눈속임일 수 있다. 그러나 여기서 주목해볼 만한 것은 그런 위선이나마 보이게 된 이유이다. 그것은 우리가 타인의 시선과 평가에서 자유롭지 못한 존재임을

---

15 위의 영상 참고.

가리킨다. 이런 이유에서 수치심은 개인적인 각성의 차원에서만이 아니라 사회적인 관계망 속에서 조망될 필요가 있다.

이와 관련하여 우리는 수치심 처벌에 관한 논의에 관심을 갖게 된다. 타인에게 부당한 일을 저지르고 공동체의 규범을 위협한 사람을 공중 앞에 세워 부끄러움을 느끼게 하는 일은 과연 필요하고 정당한 일인가? 현재 우리 사회에서는 극악하고 심각한 범죄의 경우 공익의 목적으로 해당 범죄인의 신상을 공개하기도 한다. 수치심 처벌의 필요성을 주장하는 이유로는 가해자의 반성과 사죄를 이끌어내고 피해자의 고통과 분노를 사회적인 차원에서 해소시키며 범죄에 대한 경각심을 높이는 데 효과적이라는 것 등이 거론된다. 이에 반해 수치심 처벌에 반대하는 입장은 수치심의 강요가 비인간적이고 반인권적인 방식이고 해당 범죄에 대한 형법적 처벌 이외에 이중으로 책임을 묻는 조치일 수 있으며 대중의 편향된 판단에 의해 무고한 사람이 피해를 입을 수 있는 위험 등을 경고한다.

수치심 처벌에 관한 찬반 의견을 비판적으로 검토하는 것은 여기서 잠시 접어두고, 그 자체가 어떤 일인지에 대해서 좀 더 질문하고 생각해보기로 하자. 스스로 수치심을 느끼는 것이 아니라 강제로 수치심을 느끼게 하는 것은 과연 가능한가? 자신의 잘못된 행위에 대해 수치심을 느끼지 않는 사람이 대중 앞에 서서 지탄을 받으면 수치심을 느끼게 되는 것일까? 우리는 여기서 자신의 흠결이나 잘못을 반성하는 감정으로서의 수치심과 공적 공간에서 대중들 앞에 세워짐으로써 느끼는 부끄러움의 감정을 구분해서 볼 필요가 있다. 전자는 자율적인 감정으로서 자기 자신이나 자신의 특정한 행동에서 문제가 되는 점에 집중하지만, 후자는 타율적인 감정으로서 타인들의 시선에 노출된 사실 자체에 더 초점을 맞춘다.

타인의 시선과 평가는 비도덕적이거나 불법적인 일에 대한 각성과 반성을 이끌어내고 스스로 그런 일에 대한 수치심을 갖도록 때로 영향을 줄 수 있다. 그러나 언제나 꼭 그렇다고는 할 수 없을 것이다. 포토라인에서 고개를 숙이는 모습이 반드시 진심 어린 반성과 사죄의 마음을 표하는 것이라 볼 수 없는 것처럼 말이다. 이런 점에서 수치심 처벌은 일정한 한계를 갖는 듯하다. 그러나 다른 한편으론 외면적으로나마 반성과 사죄를 표하도록 하는 것 역시 중요하다고 볼 수 있다. 설사 진심에서 우러나오지 않더라도 부끄러워해야 함을 인정하도록 하는 것, 그것은 공동체의 가치와 질서를 수호하는 하나의 방법으로서 수치심 처벌의 필요성을 환기시키는 이유이다.

불완전함의 축복

수치심이 긍정적이든 부정적이든 간에 우리가 인간인 이상 수치심에서 완전히 자유로워질 수는 없다. 하지만 수치심의 긍정성을 살리면서도 그 감정으로 인한 괴로움에서 벗어날 수 있는 길에 대해서 고민해보는 일은 필요하다. 이와 관련하여 우리 자신에 대한 위로와 용서, 그리고 타인을 향한 관대한 마음에 대해 생각해볼 수 있다.

우선 우리는 누구라도 완벽한 존재일 수 없고 갖가지 결점과 부족함을 지닌 존재임을 솔직하게 받아들여야만 한다. 그리고 완벽함을 추구하는 동안 스스로를 다그치고 상처 입힌 것과 관련하여 자기 자신을 위로하고 용서할 수 있어야 한다. 더불어 타인 역시 그렇게 고통당한 나 자신과 다르지 않음을 이해하고 사람을 향한 관대하고 따뜻한 시선을 가지려고 노력할 필요도 있다. 우리 자신과 타인을 연민의 시선으로 바라보고 포용해야 한다는 것은 문제를 방치하고 한계에 안주하자는 주장이 아니다. 오히려 그것은 자신과 화해하고 타인과도 화해하자는 의미에 가깝다.

수치심에 대한 성찰은 우리 자신과 타인의 고유성과 평등함에 대해 생각하도록 한다. 나의 존엄성을 보장해주는 것은 타자와의 격차나 비교우위에 대한 확증이 아니라, 나와 타자 사이의 다름을 그 자체로 포용하고 차별의 근거로 활용하지 않으려는 노력이다. 즉 수치의 자학성을 경계하면서 모든 인간의 평등에 대해 동의할 수 있는 자세를 통해 우리는 스스로의 가치를 발견할 수 있다. 그래서 수치심은 진짜 자기를 찾고 진정한 자존감을 갖도록 하는 길을 열어준다. 이처럼 우리는 수치심을 넘어서려는 노력과 함께 인간 존재에 대한 한층 관대하고 성숙한 이해를 확장시키고 우리 자신의 인간다운 면을 성장시킬 수 있다.

고통의 완전한 소멸은 가능할까? 그것을 위해 '아타락시아(ataraxia)'[16], '아파테이아(apatheia)'[17], '해탈'과 '열반' 등의 이름으로 다양한 방법들이 시도되었다. 우리가 진정 이런 상태에 도달할 수 있다면 분명 기쁘고 복된 일일 것이다. 모든 고통이 소멸되고 완전한 자유를 누릴 수 있기 때문이다. 그러나 그런 상태는 현재 우리가 살고 있는 '이 세계'가 아니며, 그런 상태에 이른 우리도 더 이상 현재의 '이런 우리'가 아닐 것이다. 다시 말해서 우리가 '우리'일 수 있는 이유는 이런저런 결함을 갖고 있고 이런저런 고통을 겪으며 살고 있기 때문이다. 바로 그렇기 때문에 우리는 인간일 수 있다. 만약 우리가 고통 없이 완전한 세계에서 살고자 한다면, 우리 자신이 완전한 존재, 즉 신이 되어야만 한다. 과연 실제로 그렇게 될 수 있을지 그 가능성은 차치하고서라도, 그렇게 신이 된 우리는 더 이상 인간이 아니며 인간일 수 없다.

우리는 불완전함으로 인해 고통받으므로, 고통의 소멸을 위해 완전함을 추구해야 할까? 만약 우리가 애초부터 완전한 존재였다면, 고통 없는 세상에서 지복을 누리며 살았을 것이

---

16 에피쿠로스, 『쾌락』 오유석 옮김, 문학과 지성사, 2019, 87쪽 참조.

17 에픽테토스, 『왕보다 더 자유로운 삶(엥케이리디온)』 김재홍 옮김, 서광사, 2013, 42쪽 참조.

다. 그런데 만약 그랬다면, 지금의 우리는 결코 존재할 수 없었고 영원히 존재하지 않는다. 즉 현재 우리와 우리의 삶은 완전히 지워지고 없어져야 한다. 그러므로 고통 없는 세상과 완전한 존재로서의 인간이 의미하는 바는 '우리가 우리일 수 없음', '우리가 존재할 수 없음', '우리 자신의 완전한 소멸'이다. 이런 의미에서, 우리가 불완전한 존재로서 감정을 느끼고 그로 인해 고통을 겪으며 아픔으로 가득 찬 세상을 살아가는 것은 '우리가 우리일 수 있는' 필연적인 조건이다.[18]

또한 현재의 우리는 모든 가능한 존재들 가운데 단 하나뿐인 '유일한' 존재이다. 이 유일성이야말로 우리 자신과 우리의 삶을 가장 소중하고 가치 있는 것으로 만든다. 우리는 지금처럼 불완전하기 때문에 '그 무엇도 아닌 우리'일 수 있으며, 그래서 유일하고 존엄하며 아름답다. 그러므로 인간이 지닌 불완전함은 인간에게만 주어진 하나의 축복일 수 있다. 우리가 우리의 결함과 고통마저도 끌어안아야 하는 이유는 바로 이 점에 있다.

이것은 결코 숙명론적 관점에서 결함과 고통을 무조건 수용하고 방치하자는 주장이 아니다. 우리는 우리 자신의 불완전함과 결함을 극복하기 위해 언제나 노력하며 살아야 한다. 세상의 부조리와 고통을 없애기 위해서도 부단히 힘써야 함은

---

18   고트프리트 빌헬름 라이프니츠, 『변신론』, 이근세 옮김, 아카넷, 2014, 166쪽, 259-263쪽 참조.

물론이다. 하지만 고통의 부재와 완전한 행복은 하나의 방향성이자 이상일 뿐, 우리가 지상에서 그런 완벽한 낙원을 건설할 수 없음은 실로 자명하다. 우리가 우리의 결함과 고통을 끌어안아야 한다는 말은 바로 이런 맥락에서 이해되어야 한다. 현실이 아무리 고통으로 가득 차 있더라도 우리는 현실 그 자체를 부정할 수는 없다. 오히려 현실을 그 자체로 똑바로 바라보는 데에서 현실의 모든 변화와 개혁은 시작된다.

III. 분노

분노를 모르는 사람은 어리석다.
그러나 분노를 알면서도 참을 줄 아는 사람은 현명하다.
- 주자

요즘 우리 사회에서는 사소한 일에도 크게 분노하는 사람
들과 그로 인한 여러 갈등을 자주 목격하게 된다. 분노조절장
애, 갑질, 보복운전 등의 문제는 우리 사회가 분노로 가득 차
있는 곳임을 절감하게 한다. 사람들이 작은 일에도 화를 참지
못하고 폭발하는 이유는 무엇일까? 여러 가지 원인을 꼽을 수
있겠지만 무엇보다도 격노는 그만큼 다른 것을 수용할 여유가
없기 때문에 드러나는 것으로 볼 수 있다. 그러므로 분노가 아
무리 거세게 표출되더라도 그것은 오히려 내면적인 '유약함',
즉 포용력과 통제력을 상실한 상태의 반증일 수 있다.

분노는 당사자에게도 고통이지만 타인과 공동체에도 부정
적인 영향을 미친다. 이 감정은 기본적으로 그것을 불러일으
킨 대상에게 대갚음하려는 복수심과 연결되기 때문에, 적대적
이고 폭력적인 행동으로 이어지기 쉽다. 그래서 개인과 사회

가 분노에 대한 절제력을 잃어버리게 되면 여러 형태의 충돌과 갈등이 잦아질 수밖에 없다. 그러므로 우리는 분노의 과도함을 항상 경계해야 한다.

다른 한편으로 분노는 타인의 부당한 행동으로 인한 피해를 제지하고 상쇄하려는 마음으로서 외부적인 침해와 간섭에서 벗어나기를 바라는 지극히 자연스러운 감정이라 볼 수 있다. 그래서 아리스토텔레스는 화를 내야 할 상황에서 적절히 화를 내는 것이 올바르며 그렇지 않다면 노예와 같은 처지에 놓인다고 말한다. 그러나 아리스토텔레스 역시 화의 '적절한' 표출을 강조했던 것처럼, 분노는 언제든 비이성적이고 위협적으로 쉽게 격화될 수 있음에 유의해야 한다.

눈도 귀도 없는 분노

분노는 어떤 위해가 부당하다는 판단을 포함하기 때문에 인지적인 성격을 갖는다. 하지만 그런 판단은 때로 지극히 주관적이거나 완전히 틀린 것일 수도 있다. 자신에 대한 성찰이 부족하거나 상대의 입장을 고려할 마음이 전혀 없을 때, 분노의 일방성과 광기는 더욱 거세진다. 분노는 자주 우리의 눈과 귀를 막고 모든 사리 분별을 방해한다. 질주하는 분노는 상황을 살필 눈도, 주변의 목소리를 들을 귀도 틀어막는다. 이런 분노에 휩싸인 사람은 오직 그 감정의 분출 외에 아무것도 고

려하지 않는다. 분노가 무서운 까닭은 바로 이러한 맹목성에
있다.

‖ 아르놀트 뵈클린, <오디세우스와 폴리페무스>

오디세우스에게 눈이 찔려 고통스러운 와중에도 화를 참지
못해 바위를 바다로 내동댕이치는 폴리페무스의 모습은 눈먼
분노의 감정을 아주 잘 나타내 보인다. 그가 외눈을 잃은 것은
포악한 식인 행위로 오디세우스의 적개심을 불러일으켰기 때
문이다. 결국 폴리페무스의 고통과 분노는 그 자신에게서 초
래된 셈이다. 이 외눈박이 거인은 분노로 광분함으로써 자신
에게 고통을 더욱 가중시키는 것 외에 아무런 복수도 할 수 없
었다. 이 역시 분노의 자기파괴성을 잘 드러내 보이는 지점이
라 하겠다.

우리는 특정한 상황이나 일, 우리 바깥의 여러 대상들, 심지
어 생명 없는 물건에 대해서도 화를 낼 때가 있다. 그 누구보
다 면밀히 분노의 감정을 분석했던 세네카는 온갖 종류의 분

노에 대해 열거하면서, 그 어떤 것에 대해서도 우리가 분노를 가질만한 합리적인 이유가 없음을 강조한다. 세네카는 심지어 가족에게 해를 가하거나 자식을 죽인 원수에 대해서도 분노하지 말 것을 당부한다. 평범한 사람이라면 갖기 힘든 정도의 높은 절제력을 요구하는 이유는 우선 분노해야 마땅한 일을 저지른 사람에게는 분노로써 반응할 가치가 없기 때문이고, 또한 그런 극한의 갈등 상황에서 필요한 것은 분노의 표출이 아니라 사태 해결을 위한 합리적인 판단과 의지이기 때문이다.

사람들이 화를 내는 방식은 다양하다. 어떤 사람은 불같이 화를 냈다가 금방 가라앉히며, 어떤 사람은 오랜 시간 은근히 화를 품고 있기도 하고, 또 어떤 사람은 좀처럼 화를 내지 않다가 한순간 폭발하기도 한다. 아리스토텔레스는 사람들이 화를 내는 유형을 세 가지로 분류하는데, 첫 번째는 "성마른 사람"으로서 성미가 급하고 쉽게 화를 내지만 그들의 화는 금방 가신다는 점에서 장점을 갖는다. 두 번째는 "성깔 사나운 사람"의 유형으로서 말 그대로 무슨 일에든 화를 잘 내는 사람들이다. 세 번째는 "뚱한 사람"으로서 화를 잘 풀지 못하고 오랫동안 담아두는 유형이다. 이런 사람은 복수를 통해 화를 푸는 과정에서 일종을 쾌감을 느낀 후에야 화에서 벗어나며, 평소에 화를 감추고 속으로 삭이는 탓에 자기 자신과 주변 친구들

에게 힘든 존재일 수 있다.[1]

평소에 화를 좀처럼 표현하지 못하고 억누르기만 하는 것은 마음의 병이 된다. 화를 삭이지 못해 억울한 마음이 쌓이면 간 기능에 장애가 생기고 옆구리 통증 및 두통, 가슴 답답함, 수면 장애 등의 증상을 보인다고 하는데 이를 한의학적으로는 화병(火病)이라 한다. 이런 점에서 보면 무조건 화를 내지 말고 통제할 것을 충고하는 세네카보다는 화를 적절히 표출할 수 있어야 한다고 본 아리스토텔레스의 견해가 보다 설득력 있게 들린다.

그러나 아리스토텔레스 역시 화의 제어를 강조하고 있음을 잊지 말자. 그는 "화를 내서는 안 될 일에 너무 지나치게, 너무 오래 화를 내며 복수하거나, 응징하기 전에는 분이 풀리지 않는"[2] 식으로 중용을 지키지 못하고 지나침으로 기운다면 마땅히 비난받아야 한다고 본다. 그의 지적대로, 화를 제멋대로 내거나 과도하게 부풀리고 앙갚음에 몰두하는 것은 어떤 경우에서든 좋은 방식일 수 없다.

화 다스리기

여기서는 화를 다스릴 방법에 관한 세네카의 충고를 구체

---

1   아리스토텔레스, 『니코마코스 윤리학』 천병희 옮김, 숲, 2018, 157-158쪽.

2   위의 책, 158쪽.

적으로 살펴보도록 하겠다. 세네카는 화를 애초부터 허용하지 않는 것이 중요하다고 본다. 왜냐하면 이성의 힘으로 화를 완전히 통제하기가 매우 어렵기 때문이다. 화가 나려는 상황에서 일단 벗어나는 것은 실제로 유용한 방법이 될 수 있다. 일단 화가 점화되는 것을 피해 얼마간 시간을 보내면 감정의 뜨거움은 식기 마련이기 때문이다.

한편 세네카는 일단 화가 마음에서 일어났다면 외적으로 드러나지 않도록 마음속에 가둘 것을 충고한다. 표정, 목소리, 행동 등을 조용하게 가라앉히려 애쓰면 그에 따라 차차 속마음도 안정을 되찾는다. 이것은 이미 일어난 화를 밖으로 드러내지 않기 위해 인내하는 방법이라 하겠다. 그러나 앞서도 언급했듯이, 화를 무조건 참는 것은 마음의 병을 일으킬 수 있다. 또한 화를 시기적절하게 적당히 풀지 못하면 언젠가 거센 분노를 폭발시키는 원인이 될 수도 있다.

또한 화에 의해 우리 자신이 완전히 정복당하지 않으려면 극기의 노력이 필요하다. 화는 앙갚음의 열망을 강하게 담고 있으며 타인을 향한 공격적인 행동을 부추긴다. 때로 우리는 화로 인한 보복심과 다툼 때문에 눈이 멀기도 한다. 그러므로 우리는 맹목적인 분노와 복수에 기꺼이 사로잡히기를 원하는 우리 자신과 끊임없이 싸워야 한다. 세네카는 화가 난 자신의 모습을 거울로 보는 것도 도움이 된다고 소개한다. 화로 인해 일그러진 추한 얼굴을 바라보면서 이 감정의 해악성을 확인하고 더 이상 화를 키우지 않도록 자제하게 되기 때문이다.

세네카에 따르면, 온화한 사람은 화를 내지 않는다. 따라서 온화함의 미덕을 갖추기 위해 노력하는 것도 화를 극복하는 하나의 방법이 된다. 세네카는 온화함을 분노와 대립적인 것으로 이해한다는 점에서, 온화함을 분노의 중용이라고 본 아리스토텔레스와는 다른 입장에 있다. 아리스토텔레스는 온화한 사람이 적당한 때에 적당하게 화를 낼 수 있는 사람이라고 본다. 이와 달리 세네카는 현명하고 온화한 사람이라면 아예 화를 내지 않는다고 말한다.

세네카는 화가 난 상태에서 행동하기를 멈춘 소크라테스와 플라톤의 일화를 소개하면서, 그들과 같은 현자도 격정에서 벗어나려 애썼던 점을 주목해야 한다고 역설한다. 이 일화를 통해 우리는 화를 유예시키는 일의 중요성에 대해서 생각해볼 수 있다. 현자들도 화내는 일을 극도로 경계했는데 하물며 우리가 이 감정의 분출을 용인한 후에 적절히 통제할 수 있을 것이라 생각하는 것은 오만이다. 자신의 능력에 대한 과대평가는 자신의 나약함에 대한 무지와도 관련이 깊다. 따라서 화를 멀리하기 위해서는 자기 자신에 대해 정확하게 이해하고 성찰하는 노력이 필요하다. 세네카는 화의 극복과 관련하여 자기반성의 중요성을 자주 강조한다.

화는 우리가 부당한 일을 당했다고 믿을 때 발생하기 쉬운데, 부당한 침해가 확실히 증명될 때까지 성냄을 유보하는 것도 좋은 방법이 된다. 더 나아가 세네카는 그러한 침해가 분명 사실로 드러나더라도 화를 내고 보복을 다짐하는 것은 바람직하지 않다고 강조한다. 왜냐하면 화를 내는 것은 타인이 우리에게 잘못한 것처럼 결과적으로 우리도 똑같은 잘못을 저지르는 일이기 때문이다. 이와 관련해 세네카는 플라톤이 노예를 채찍질하기 위해 치켜든 손을 멈춘 채로 자신을 범함으로써 분노가 제멋대로 모든 것을 행사하도록 내버려 두지 않은 일화를 소개한다.

이런 점에서 '용서'는 복수심을 잠재우고 화를 해소하는 하나의 방법이라고 볼 수 있다. 세네카가 말하는 용서는 무차별적이고 무조건적이다. 그는 용서의 대상에 제한을 두지 않으며, 용서의 대가로 그 무엇도 요구하지 않기 때문이다. 이에 관하여 세네카는 다음과 같이 말한다. "어린아이는 나이 때문에 용서되어야 하고, 여성은 여성이어서 용서되어야 하며, 낯선 이는 그가 자유인이어서, 너의 식솔은 너와 가까운 사람이어서 용서해주어야 한다. 잘못을 저지른 것이 이번이 처음이다. 그렇다면 그가 네 마음에 들었던 세월을 생각하라. 저 친구는 전에도 몇 번이나 잘못을 했었다. 오래 참아왔는데 더는 못 참겠는가? 그는 친구다. 알고 그런 것이 아닐 것이다. 그는 적이다. 그에게서 뭘 기대하는가!"[3]

---

3   세네카, 『화에 대하여』 김경숙 옮김, 사이, 2013, 214쪽.

또한 세네카는 우리가 소중한 시간을 분노와 복수로 불태워도 좋을 만큼 인생이 길지 않다는 것을 일깨운다. 분노에 빠져 복수를 불태우는 것은 의미 없고 하찮은 일에 자신을 내맡기는 것과 같다. 세네카는 "만약 어느 시점에선가 멈춰야 한다면 화가 너를 버리는 것보다 네가 먼저 그것을 버리는 편이 훨씬 낫지 않겠는가?"[4]라고 반문하면서, 자기파괴적인 감정에서 벗어나 자신을 지키고 보호할 것을 당부한다. 또한 세네카는 앙갚음에 집착하기보다는 화가 나는 상황에서 조금 비켜나 껄껄 웃어버리라고도 충고한다.

세네카의 분노론은 화의 다스림에 유용한 제언들을 담고 있다. 사람들은 분명 화를 냄으로써 자주 괴로운 상황에 놓인다. 우선 화의 표출은 타인과의 관계를 어색하게 만들고 갈등과 반목을 낳는다. 또한 화는 정신적으로나 정서적으로 에너지를 많이 소모하게 하는 감정이지만 정작 문제의 해결에는 무익할 때가 많다. 그래서 분노가 크고 오래 지속될수록 우리의 내면은 피폐해진다. 특히 한번 표출된 화는 더 큰 화를 부르기 쉬우므로, 그것에 골몰하고 집착할수록 내적인 평화가 깨어지는 것은 물론 일상적인 생활까지 어려워진다. 이런 점에서 가급적 화를 피하고 멀리할 것을 강조한 세네카의 조언은 충분히 새겨들을 만하다.

---

4   같은 책, 220쪽.

가령 화가 나는 상황을 무조건 피하라는 충고는 누구나 시도해볼 만한 방법이다. 이와 달리 이미 화가 났을 경우 겉으로 드러내지 않고 그 감정에 따라 행동하는 것을 자제하는 방법은 좀 더 많은 노력을 필요로 한다. 이와 관련하여 세네카가 화의 위험성과 가치 없음을 논하고 그 감정에서 벗어나기를 충고한 것은 기본적으로 틀리지 않다. 그러나 화의 통제를 이성적으로 숙지한다고 해서, 실제로 화가 잘 제어되는 것은 아니다. 특히 이성적인 절제를 강조하면서 화를 참기만 하는 것은 더 큰 심리적 문제를 낳을 수 있다. 더욱이 화를 무조건 속으로 감추는 것은 상대의 잘못으로 인해 벌어진 부당한 상황을 인식하고 시정하도록 하는 데 도움이 되지 않는다.

세네카에게 묻다

세네카의 분노론은 분명 우리에게 유의미한 조언을 건네지만, 분명한 한계점도 노정하고 있다. 우리는 화를 억제해야 한다는 그의 주장에 충분히 동의할 수 있으나 그것을 현실적으로 실천하는 것은 그리 간단하지 않다고 느낀다. 세네카의 문제의식과 해결법은 마치 매우 높은 인격적 성숙함을 전제하고 있는 것처럼 보인다. 우리는 모두 애초에 화를 느끼지 않도록 하거나 느끼더라도 억제하고 소멸시켜야 한다는 세네카의 견해를 이성적으로는 수용할 수 있지만, 실제로 모든 경우에서 화를 억제하는 것이 그리 쉽지는 않다는 것을 경험한다. 머리로는 이해하더라도 가슴으로 받아들이고 실천하기는 매우 어렵다.

그러므로 감정적인 문제에서 통제력을 발휘하기 힘들어하는 사람에게 계속해서 이성적이어야 함을 강조하는 것은 그리 효과적인 충고가 아니다. 오히려 오직 이성만을 강조하는 것은 그런 접근법에서 실패를 거듭한 사람에게 더 큰 좌절을 안기며 반감만 들게 한다. 이 문제와 관련하여 철학은 본래 오직 논리적이고 이성적인 관점만을 제시해줄 수 있다고 주장하는 입장도 있다. 그렇다면 분명한 것은 항상 이성적일 수만은 없는 사람들에게 때로 철학이 실질적으로 도움이 되지 못한다는 사실이다. 만약 세네카가 제안하는 대로 실천하며 살아갈 수 있는 사람이 그리 많지 않다면, 철학은 사람들에게 어떤 말을 해야 할까?

분노는 여타의 감정들과 마찬가지로 매우 인간적이고 자연스러운 감정일 수 있다. 이때 인간적이라는 것은 인간이 불완전한 존재라는 것과 관련되는 말이다. 만약 우리가 세네카의 이상적인 지향대로 완전히 이성적일 수 있다면, 우리는 에피쿠로스가 말하는 신들처럼 모든 일에 무관심하고 초연할 것이다. 그러나 우리는 감정을 느끼며 불완전한 이성을 가진 존재이다. 그래서 우리에게 감정을 없애고 항상 이성적 냉정함을 유지하라고 하는 것은 어쩌면 애초에 불가능한 일, 다시 말해서 우리에게 신처럼 되라고 말하는 것과 같다. 이런 점에서 세네카의 조언은 현실적 가능성과는 별개로 단지 하나의 이상적인 '방향성'으로 이해되어야 할 것이다.

또한 우리는 화를 다스림에 있어서 자칫 주관주의적 경향에 치우칠 수 있음을 주의해야 한다. 화는 대부분 타인과의 관계에서, 외부 세계와의 접촉에서 발생하는 감정이므로 한 개인의 내면적인 차원에서만 논할 문제는 아니다. 특히 이 감정과 긴밀하게 연관되는 처벌, 용서, 정의의 문제는 사회적인 차원으로 확장시켜 바라보아야 할 사안이다. 세네카의 분노론은 화의 감정을 개인의 내적 인내와 수양의 문제로 한정시키면서 사회의 부정의에 대한 문제의식을 미결의 과제로 남겨두고 있다.

분노와 성찰

화가 일어나는 데 결정적인 영향을 미치는 것은 누군가가 나에게 '용납할 수 없는 일'을 행했다는 생각이다. 그는 넘지 말아야 할 선을 넘은 것이다. 이는 나의 사적이고 고유한 영역에 대한 '침범'이기 때문에 부당하고 잘못된 것이라 생각된다. 바로 이런 점에서 우리는 분노가 일종의 판단을 포함하는 감정임을 확인할 수 있다. 즉 우리 각자는 용납할 수 있거나 용납할 수 없는 것에 대한 일정한 기준을 가지고 있고, 누군가의 행위를 이 기준에 맞춰 판단하며, 자신의 기준과 판단에 심각하게 어긋나는 것을 마주할 때 분노를 느낀다.

나의 기준에 반하기 때문에 수용하기 어려운 것은 내게 득이 되지 않거나 해로운 것으로 간주된다. 그래서 분노는 부당한 것, 해로운 것에 대한 일종의 거부감이다. 이러한 거부감은 현실적으로 존재하는 위협에 대한 객관적인 판단에서 비롯될 수도 있고 그렇지 않을 수도 있다. 따라서 우리는 분노의 대상에 대해 비합리적이고 성급하게 판단하지 않도록 경계해야 한다. 아리스토텔레스가 지적하듯이 우리의 분노는 그것을 '느낄만한' 대상을 향해야 하는 것이다. 그는 "당연히 화낼 일로, 당연히 화내야 할 사람들에게, 적당한 방법으로, 적당한 만큼, 적당한 기간 동안 분노하는 사람"[5]이 분노와 관련된 중용을 실현하는 사람이라 본다.

그런데 분노의 대상을 판단하는 과정에서 함께 고려되어야 할 점이 있다. 그것은 바로 자기 자신에 대한 성찰이다. 왜냐하면 타인의 행위에 대한 나의 분노는 현실적으로 발생한 부당함에 대한 적절한 반응일수도 있지만 정반대로 그렇지 않을 수도 있기 때문이다. 가령 사소한 일에 격분할 때처럼 분노는 때로 타인의 잘못에 기인하기보다 자신의 내적인 문제로 인해 발생하기도 한다. 따라서 분노를 일으키는 타인에 대한 판단

---

5   아리스토텔레스, 『니코마코스 윤리학』 156쪽.

과 당면한 상황에 대한 파악도 정확하게 이루어져야 하지만, 그와 동시에 분노하는 자신에 대해서도 객관적으로 바라보고자 노력해야 한다. 그래서 화가 날 때마다 '과연 분노할 일인가?'를 자문해보는 것은 하나의 좋은 방법이다. 그렇게 질문하는 것만으로도 분노가 누그러질 수 있는 얼마간의 시간이 확보된다.

타인과의 관계에서 발생하는 분노, 즉 사람을 향한 감정으로서의 분노에 대해 좀 더 생각해보자. 우리는 왜 다른 사람에게 분노할까? 우선 사람들 간의 '차이'를 생각해볼 수 있다. 타인이 나와 다르다는 사실 자체는 결코 화를 낼 충분한 이유가 되지 못하지만, 우리는 많은 경우 타인의 '다름'을 인내할 수 없기 때문에 화를 내기도 한다. 또는 이와 정반대로 타인이 나와 비슷한 점을 가졌기 때문에 화가 날 때도 있다. 특히 나 자신에게서 부정하고 싶은 어떤 특성을 마침 타인에게서 발견할 때가 그러하다. 그런데 중요한 것은 사람들 간의 '같음'과 '다름' 그 자체는 분노를 유발할만한 합당한 이유가 아니라는 점이다.

한편, 사람을 향한 분노는 상대의 처지와 상황을 알게 되고 그가 그렇게 행동할 수밖에 없었던 이유를 이해하게 될 때 한결 완화될 수 있다. 사람에 대한 이해는 증오와 분노를 연민으로 변화시키기도 한다. 이때 연민이란 상대보다 우월한 입장을 전제하는 것이 아니라 오히려 나와 상대가 근본적으로는 다르지 않은 인간이며 그렇기 때문에 모두 측은하다고 여기는 마음에 가깝다. 다시 말해서 그것은 인간의 나약함과 결함에 대한 인정, 그리고 자신도 역시 부족함 많은 인간일 뿐이라는 자각을 통해서 생기는 감정이다. 분노의 대상을 측은하게 여기는 것, 그것은 우리가 분노의 고통에서 헤어날 수 있는 하나의 방법일지도 모른다.

용서와 화해

우리에게 심대한 피해를 입힌 사람에 대하여 우리는 언제 그리고 어떻게 분노를 거둘 수 있는가? 그것이 곧 용서를 의미한다면, 용서는 어떻게 가능한가? 분노에 분노로, 복수에 복수로 대응하는 것은 사태를 더욱 악화시킨다. 그래서 분노와 복수의 악순환은 전혀 다른 방식으로, 즉 사죄와 용서를 통해 해소될 수밖에 없다. 그런데 가해자의 사죄와 반성은 용서를 위한 필요조건이지 충분조건은 아니라고 보아야 한다. 아무리 진심으로 반성하고 사죄하더라도 용서할 수 없는 경우가 있을 것이기 때문이다.

한편, 우리는 피터 싱어가 소개하는 다음의 사례에서 적지 않은 혼란을 느낀다. 그것은 테러 희생자의 유가족이 말기 암 상태의 가해자가 가석방되는 것에 반대하지 않았던 일에 관한 것이다. 이 이야기를 통해 피터 싱어는 가해자의 사죄가 용서를 위한 필요조건인지를 질문한다.[6] 놀랍게도 그 테러리스트는 자신의 행위에 대해 사죄한 적이 없었고 앞으로도 그럴 생각이 없다고 밝혔다. 그럼에도 불구하고 희생자의 유가족은 그에게 관용을 베푼다. 이 이야기는 용서와 사죄에 관해 우리가 익숙하게 생각하는 것들을 뒤집는다. 즉 용서는 사죄에 달려 있지 않다는 것이다. 이는 더 나아가 선의 본질과 가능성에 대해서도 다음과 같이 생각하도록 이끈다. 선은 악에 의해 좌우되는 것이 아니라 선 그 자체로서 이해되어야 하며, 악은 선에 그 어떤 영향도 미칠 수 없다고 말이다.

그러나 지극히 인간적인 관점에서 우리는 사죄와 기억의 문제를 도외시하고 용서를 이야기하기 어렵다. 그리고 설사 가해자를 무조건 용서하는 것이 가능하다 하더라도, 그것이 곧 지난 과오와 불행을 망각하는 것이라고 볼 수는 없다. 왜냐하면 망각은 똑같은 가해 행위가 다시 반복될 수 있는 조건을 형성하기 때문이다. 같은 고통을 겪는 피해자가 더 이상 생기지 않도록 하기 위해서는 반드시 과거의 잘못을 기억하고 후대에 계속해서 알려야 한다. 한 사회의 역사적 발전을 위해 기억과 반성, 교육이 중요한 이유도 여기에 있다.

우리는 영화 <밀양>에서 용서를 주제로 한 놀라운 통찰을 발견할 수 있다. 자식을 죽인 자를 대면한 여인은 그가 용서받

---

6   피터 싱어, 『더 나은 세상』 42-46쪽 참조.

았다고 믿는 모습에서 거센 분노를 느낀다. 용서한다고 말하기 위해 그를 찾은 여인은 사실상 오히려 자신이 그를 결코 용서한 적이 없음을 확인한다. 우리는 분노하는 여인의 모습을 보면서 인간에게 과연 용서란 무엇인지를 묻게 된다. 이 영화는 한편으로 용서가 어쩌면 인간의 능력과 의지를 넘어선 일이라고 이야기하는 것 같다.

‖ 렘브란트, <돌아온 탕자>

마치 탕자의 아버지가 그 어떤 질책도 하지 않고 아들을 감싸 안는 일처럼 말이다. 성경의 비유처럼 그런 용서는 오직 부모 된 사람만이, 혹은 신만이 할 수 있는 일인지도 모른다. 인간으로서 신적인 사랑과 희생을 할 수 있는 존재는 부모들이라는 점에서, 그것은 어쩌면 적절한 비유일지도 모른다. 렘브란트는 이렇듯 신적이고 성스러운 행위로서 용서를 묘사한다.

그러나 우리는 <밀양>의 결론에서 이와는 분명히 다른 용서를 본다. 그것은 분노와 복수심의 굴레에서 자기 자신을 해방시키는 일로서, 그 누구도 아닌 자기 자신을 위한 용서이다. 밀양은 우리에게 누군가를 증오하고 복수를 다짐하며 인생을 허비하지 말라고, 스스로를 불행하게 만드는 굴레에서 벗어나어서 자유로워지라고 다독인다.

‖ 뭉크, <별 아래에서>

주인공이 자신의 삶을 살기로 한 것은 어쩌면 '화해'라는 말로 더 잘 이해될 수 있다. 미움과 분노로 가득했던 과거와의 화해, 스스로를 고통 속에 가두었던 자신과의 화해 말이다. 인간에게 용서가 가능하다면, 바로 이런 의미의 화해가 아닐까? 뭉크가 그린 포옹은 바로 이런 의미에 가까운 것처럼 보인다. 두 사람 사이에는 그 어떤 권위나 일방의 우월함도 없는 것 같다. 여기서 잠시 우리의 필요에 따라 주저앉은 사람이 용서를 빌고 있다고 가정하더라도, 두 사람을 감싸는 분위기는 렘브란트가 묘사한 성스러움과는 다르다. 이들의 포옹은 서로를 이해하고 수용하려는 마음을, 별빛으로 빛나는 밤하늘은 그 마음의 진심을 표현하는 듯하다.

정의를 위하여

분노는 주로 사람들 간의 관계 문제로 인해 발생한다. 그것은 피해를 당하고 싶지 않다는 마음의 표출이기 때문에, 이해관계가 다른 사람들 사이에서 갈등을 일으키고 보복을 위한 공격적인 행동들을 자극하기도 한다. 명백히 한쪽의 일방적인 과오로 발생한 실질적인 피해에 분노감을 느끼는 것은 자연스럽다. 그래서 분노는 손실을 상쇄시키고 원래의 상태를 회복하도록 하는 데서 일정한 역할을 하며, 이런 점에서 '정의'와 밀접한 관련을 갖는다.

분노가 잘못된 것을 고치는 데 일조하는 감정이라는 생각에 대해 누스바움 역시 동의한다. 그는 분노의 이러한 특징이 혐오와 명백히 구분되는 점임을 강조한다. 우리는 부당한 것에 대해 분노하고 항의함으로써 변화를 추동할 수 있지만, 혐오를 통해서는 오히려 문제 해결을 기피하게 될 뿐이다. 분노는 문제적인 상황에 대한 일정한 판단과 각성에 연결되는 감정이므로 완전히 비합리적인 것이라 보기 어렵고, 이런 점에서 혐오와는 엄연히 다르다.

하지만 부당함에 대한 판단이 주관적으로만 치우친다면, 분노 역시 위험한 감정이 될 수 있다. 정의롭지 못한 것에 분노한다는 것은 이미 옳고 그름에 대한 판단이 이루어졌음을 전제한다. 그런데 자신의 생각만이 옳다고 믿는 사람은 세상의 모든 정의와 부정의에 대한 심판자가 되려는 태도를 취한다. 그러나 인간으로서 그런 심판자가 되기엔 우리는 모두 완전하지 못하며, 세상 모든 일을 주관하는 신과 같은 지위에 오를 수 있는 사람은 아무도 없다. 만약 분노가 자기 자신에 대한 반성 없이 오직 타인을 끊임없이 판단하는 태도와 결합한다면, 그것은 우리를 오만하고 억압적인 사람으로 만들 것이다.

그러므로 분노를 조절할 수 있기 위해서는 자기 자신을 끊임없이 돌아보고 성찰하는 태도가 필수적이다. 세네카 역시 분노의 극복을 위해 매일 자신을 성찰하는 시간을 가지라고 조언했다. 우리 중 그 누구도 언제 어디서나 선과 악을 심판하고 악행에 분노하며 그에 대한 처벌을 일방적으로 내릴 수 있는 완전한 권한을 갖지 않는다. 따라서 부당한 위해와 잘못에 대해 분노하고 시정을 요구하되, 그 분노감이 곧바로 나 자신의 우월성이나 정당함에 대한 확신과 연결되지 않도록 자주 스스로를 돌아보아야 한다.

또한 분노가 건설적인 감정이 되기 위해서는 부당함에 반대하고 정의를 지향해야 한다. 정의는 올바르고 공정한 판단을 위한 혜안을 필요로 한다. 그래서 정의의 여신은 불편부당한 입장에서 사태를 판단하기 위해 눈을 가리기도 한다. 또한 분노는 아리스토텔레스가 말한 것처럼 적절한 경우에 적합한 방식으로 표출되어야 생산적인 감정으로서 기능할 수 있다. 분노가 아무리 혐오와 다르게 합리적인 측면을 갖는다고 해도 그것의 분출이 과도해지면 마찬가지로 위험하다. 이런 점에서는 아리스토텔레스와 세네카 모두 분노의 '이성적 통제'를 중요하게 강조한다.

역사적으로도 압제에 항거하고 해방을 추구하는 과정에서 민중들의 분노는 커다란 변화를 이끌어냈다. 그래서 지배자가 가장 두려워하는 것은 적의 위협이나 경쟁자의 음모가 아니라 언제나 '성난 군중'이었다. 사람들의 분노가 맹목적인 감정 표출로 끝나기보다는 좀 더 냉정하고 합리적인 판단과 결합한다면, 사회의 실질적인 변화와 개혁을 이끌어내는 힘으로 작용할 수 있다. 또한 이러한 분노는 사적이고 특수한 이해관계에 매몰되기보다 모든 사람들의 공통된 이익에 집중함으로써 보편성을 지향해야 한다. 루소의 개념을 빌리자면, 분노는 특수의지가 아니라 일반의지와 결합해야만 한다. 결국 핵심적으로 이 감정은 부당함에 반대하고 정의를 세우고자 하는 의지에 따를 때만 사회적으로 승인될 수 있다.[7]

‖ 윌리엄 아돌프 부게로, <오레스테스의 참회>

7   루소, 『사회계약론』 김중현 옮김, 펭귄클래식코리아, 2016, 39-45쪽 참조.

분노로 인한 복수의 폐해를 막기 위한 제도적인 장치는 '법'이다. 법을 통해 분노는 사적 복수의 악순환이란 굴레에서 벗어나 공적인 이름과 권위를 통해 정의를 실현하는 과정에 편입된다. 이와 관련하여 누스바움은 복수의 여신이 자비의 여신으로 변화하는 과정에 관한 그리스 신화를 주목한다. 아이스퀼로스의 비극에 따르면, 복수의 여신들은 아테나의 제안에 따라 피의 복수를 포기하고 법의 테두리 안으로 들어와 공동체의 평화와 번영을 위하는 일에 참여함으로써 시민들의 존경을 받게 된다. 이를 통해 복수의 여신들은 공포를 불러일으키는 혐오스러운 외형을 탈피하고 온화한 자비의 여신, 에우메니데스로 거듭난다. 이 신화는 어떻게 분노가 다른 형태의 긍정적인 에너지로 변화할 수 있는지에 관한 하나의 단서를 우리에게 제시해주고 있다.

더 나은 세상을 위한 분노

우리에게 「공산당 선언」, 『자본』의 저자로 잘 알려진 마르크스는 전 세계에서 가장 영향력 있는 사상가 중 한 사람으로 꼽힌다. 마르크스는 철학, 경제학, 정치학, 사회학 등의 분야에서 큰 획을 그었다고 평가받지만, 만약 그가 아버지의 조언에 따라 대학에서 법학을 공부하고 평범하게 살았다면, 적어도 병든 자녀를 가난 때문에 속수무책으로 잃어버리는 고통은 겪지 않았을 것이다. 중산층의 안정된 삶을 자신의 미래로 기대할 수 있었던 청년 마르크스는 왜 당시 유럽 사회를 휩쓸던 "공산주의라는 유령"[8]에 심취하게 되었을까? 무엇 때문에 그는 불온한 지식인이 되어 추방당하길 거듭하고 끝내 망명지 런던에서 죽음을 맞이했을까?

그가 순탄하지 않은 삶을 선택한 이유는 부당한 사회 체제에 대한 분노, 그 체제하에서 고통받는 사람들에 대한 연민, 그리고 그것을 변혁하려는 의지에 있었다고 짐작해볼 수 있다. 그는 「헤겔 법철학 비판 서문」에서 낡은 사회 제도를 타파할 힘으로 철학의 역할을 강조하면서 "비판의 본질적인 정서는 분노이며, 비판의 본질적인 작업은 고발이다"[9]라고 쓴다. 마르크스가 목도한 자본주의는 누구에게나 분노를 불러일으킬 만큼 부조리하고 비인간적이며 잔혹하다. 그는 자본주의의 해악을 대중에게 알리고 그것을 극복할 길을 제시하는 것이 자신의 사명이라 생각했을지도 모른다. 애초 그의 분노는 뜨거웠겠지만 냉철한 이성과 결합하여 차갑고 지속적인 감정으로 변화한다. 그래서 청년 마르크스의 차가운 분노는 훗날 자본론을 저술한 노년의 시기까지도 이어질 수 있었다.

마르크스를 분노케 했던 것은 수많은 노동자들이 저임금

---

8   마르크스, 『마르크스 엥겔스 저작선』 김재기 편역, 거름, 1997, 51쪽.

9   마르크스, 『헤겔 법철학 비판』 강유원 옮김, 이론과실천, 2011, 12쪽.

장시간 노동으로 노예처럼 혹사당하는 현실이었다. 마르크스가 『자본』에서 인용하는 사례들 중에는 엄동설한에 13~14시간 쟁기질을 하고 일요일에는 추가로 4시간 더 일을 했다는 농업노동자의 고발, 평소 노동 시간이 14~20시간에 이르고 심지어 행락철에는 휴식 없이 40~50시간 일을 했다는 철도노동자의 증언, 여성모자 제조회사에서 매일 평균 16시간 이상 일하고 성수기에는 30시간 이상 중단 없이 일했던 한 여성노동자의 죽음에 관한 보도[10] 등이 있다. 이런 가혹한 노동 현장에 아주 어린 아이들이 동원되는 경우도 허다했다. 1863년 한 노동 조사위원회 보고서에 따르면, 성냥 공장의 실태에 관해 증언한 사람 가운데 270명이 18세 미만, 40명은 10세 미만, 10명은 8세, 5명은 6세 아동이었다고 한다. 그들은 12시간에서 14~15시간으로 늘어난 장시간 노동, 야간작업, 유독한 환경, 불규칙한 식사 등의 어려움을 견뎌내야 했다. 마르크스는 이들이 처한 상황이 단테가 그린 지옥보다 끔찍할 것이라고 말한다.[11]

그러므로 마르크스의 분노가 겨냥하는 것은 한 마디로 자본가에 의한 노동자의 '착취'다. 그것은 자본의 축적이 노동자의 잉여노동을 가로챔으로써 이루어진다는 것을 함의하는 단어다. 마르크스에 따르면, 자본가는 노동자가 일한 것보다 적

---

10   마르크스, 『자본 I-1』 강신준 옮김, 길, 2017, 359-363쪽 참고.

11   위의 책, 350-351쪽 참고.

게 임금을 지급함으로써 자본을 증식시킬 수 있다. 다시 말해서 본래 노동자에게 돌아가야 하는 몫을 자본가가 부당하게 취하는 과정을 통해 자본은 축적된다. 따라서 그것은 일종의 속임수이자 강탈이며 범죄와 같다.

마르크스는 착취 없는 세상을 꿈꿨다. 누구나 일한 만큼 보상받고, 쾌적하고 안전한 환경에서 일할 수 있어야 한다고 보았다. 이것은 너무나 기본적인 노동권에 해당한다. 이와 같은 권리의 사회적 승인과 보장을 위해 그는 자본가에 의한 착취를 고발하고 그것을 가능하게 해주는 구조를 심도 있게 분석했다. 『자본』은 그러한 노고의 정수라 할 수 있다. 망명지에서 가난과 외로움을 이기고 자본주의의 모순을 정밀하게 파헤친 대작을 쓸 수 있었던 원동력은 사회의 부당함에 대한 분노, 모든 이들의 인간적인 삶에 대한 관심에 있었다. 그렇게 꿈꿨던 세상은 적어도 그가 목격했던 19세기 자본주의 사회보다 더 나은 세상임에 틀림없다.

현대는 마르크스가 살았던 때보다 얼마나 더 좋아진 시대라 할 수 있을까? 많은 사람들이 지금은 더 이상 초기 자본주의의 야만적인 행태를 찾아볼 수 없음을 이야기할지도 모른다. 혹은 현대 자본주의는 이미 상당히 상식적이고 합리적인 방향으로 개선되었다고 평가할 수도 있다. 그러나 자본주의가 시대에 따라 어떤 옷으로 갈아입든 간에 그것의 본질은 변하지 않는다. 착취는 우회적이든 노골적이든 간에 모두 착취다. 즉 자본주의는 노동자의 몫을 빼앗지 않고서는 유지될 수 없는 구조이다. 산업화가 느렸던 독일에서 영국만큼 노동 환경이 심각하지 않음을 위안으로 삼던 독일인들에게 마르크스는 "바로 당신 자신에 관한 이야기요(De te fabula narratur)!"[12]라고 말한다. 이 말은 현대 자본주의의 온화해진 얼굴을 신뢰하는 우리들에게도 여전히 유효한 충고가 아닐까?

---

12 위의 책, 45쪽.

IV. 두려움

가장 두려운 악인 죽음은 우리에게 아무것도 아니다.
왜냐하면 우리가 존재하는 한 죽음은 우리와 함께 있지 않으며,
죽음이 오면 우리는 이미 존재하지 않기 때문이다.
– 에피쿠로스

두려움, 공포, 불안

두려움은 불완전한 존재가 숙명적으로 가질 수밖에 없는 감정이다. 이 점에서 인간도 예외일 수 없다. 다른 동물들 사이에서 신체적으로 그리 우세하다고 볼 수 없었던 인간은 척박한 자연환경과 힘센 포식자들의 위협 속에서 항상 두려움을 갖고 살 수밖에 없었다. 거친 자연에 내던져진 인간은 외부의 위험으로부터 스스로를 보호하기 위해 어쩌면 두려움의 감정에 의거하여 살아왔는지도 모른다. 그러므로 인간에게 이 감정은 생존을 위해 본능적으로 작동되는 반응이며, 위협에 대한 경계심 혹은 신중함과 밀접하게 연관되는 감정이라 할 수 있다.

일반적으로 공포는 좀 더 구체적인 대상을 상정한다. 이에 비해 불안과 두려움은 어떤 명확한 대상이 없이도 생길 수 있다는 점에서 비슷하지만, 대상의 불특정성에 있어서 불안이 두려움보다 좀 더 모호한 감정이라 볼 수 있다. 예를 들어 공포는 전염병, 전쟁, 기아, 죽음 등 뚜렷한 위험이 예상되는 사태에 대한 강한 거부감이다. 이와 달리 두려움은 가령 '실패의 두려움', '미래에 대한 두려움', '부모가 되는 일의 두려움' 등과 같이 공포에 비해서는 위험의 직접성이 덜하고 비교적 추상적인 대상을 향한다. 한편 불안은 뚜렷한 원인을 알 수 없는 기분으로서 우리의 심리적 근저를 장악하는 힘을 가진다. '불안이 엄습해온다'든가 '불안에 휩싸이다'는 표현 등은 정체를 알 수 없는 어두운 분위기에 압도당한다는 의미를 담고 있다.

다른 한편으로 두려움, 공포, 불안은 느낌의 강도에 따라 구별될 수도 있다. 세 감정 중에 가장 직접적이고 강렬하게 드러나는 것은 공포다. 그것은 아마도 공포가 가장 구체적인 대상을 향한 감정이므로 그에 대한 저항 역시 즉각적이고 명시적으로 표출되기 때문일 것이다. 그에 비해 두려움은 좀 더 완화되고 우회적인 감정이며, 불안은 가장 불명확하고 모호하게 나타나는 감정이다.

여기서 잠시 공포와 혐오의 결합에 대해 생각해보도록 하자. 앞서 언급한 대로 공포는 어떤 대상에게서 강한 위험을 감지한 뒤 이를 피하고 거부하려는 마음이다. 이와 비슷하게 혐오는 어떤 유해한 것을 기피하고 싫어하는 마음이다. 그러므로 이 두 감정은 모두 자신의 존재에 해가 되는 것을 경계하고 멀리하려 한다는 점에서 공통점을 갖는다. 또한 대상의 위협을 강하게 느낄수록, 공포와 혐오는 좀 더 공격적인 반응으로 드러난다.

하나의 예로 제노포비어(Xenophobia)란 용어는 공포와 혐오가 결합된 말이다. 낯선 타자를 싫어하고 기피하는 마음의 근저에는 그에 대한 공포가 내재되어 있다. 즉 공포심은 낯설고 이질적이며 알 수 없는 대상을 향해 있다. 하지만 내가 이제까지 경험하지 못했고 나와 다르며 내가 파악할 수 없다고 해서 반드시 그것이 위험하고 무서워할 만한 것이라 확신해도 좋을까? 제노포비어의 근거에 대해서 다시 질문하고 성찰해보아야 한다.

가령, 다수의 외국인들이 한국인은 불결하고 감염병을 자주 유발하며, 상대를 속이기 좋아하고 언제든 범죄를 저지를 수 있는 위험한 사람들이라는 등의 부정적인 인상을 가지고 있다고 가정해보자. 그리고 이런 인식이 악의적인 선동에 의해 형성되었고, 대부분의 외국인들은 그것의 근거를 묻지 않고 무조건 동조하려고만 한다고 가정해보자. 이것은 그저 극단적인 가정만은 아닐 것이다. 가까운 예로, 코로나바이러스에 대한 공포가 아시아인을 향한 혐오로 드러났을 때, 혹은 미국 사회에서 흑인에 대한 차별과 폭력이 발생할 때, 혹은 우리 자신이 외국인을 대할 때, 위와 같은 편견들은 실제로 흔하게 발견될 수 있다. 우리는 과연 우리를 향한 외국인들의 적대적인 시선과 태도를 합리적인 것으로 받아들일 수 있는가? 우리가 그것을 부당하게 생각한다면, 타인을 똑같이 억울한 위치에 빠뜨려서는 안 될 것이다.

허기와 공포

배고픔은 결핍된 상태의 느낌으로서 통상 만족스럽고 유쾌한 기분을 불러일으키지는 않는다. 더욱이 배고픔이 반복되고 장기화되면 그것은 공포의 감정과 연결되기 때문에 더욱 고통스러운 경험이 된다. 언제 다시 먹을 수 있다고 전혀 기대할 수 없는 상황은 그저 불쾌한 정도를 넘어 너무나 막막해서 무섭기까지 한 일이 된다. 소설 『세 여자』는 전쟁 시기 기근의 참혹함을 그려내면서 극도의 절망과 두려움에 감정 이입하도록 한다. 곡식을 구해보려 값나가는 물건을 들고 먼 길을 나선 명자가 배고픔에 기력이 쇠진하여 집으로 돌아올 길을 까마득하게 느끼는 장면에서, 어느새 우리도 현기증에 휘청거리며 아득한 그 길 위에 선 것 같은 기분에 사로잡힌다.[1]

허기는 정확하다. 지금 당장 아무리 많이 먹어두더라도 어

---

1   조선희, 『세 여자. 2』 한겨레출판, 2019, 250-258쪽.

김없이 다시 찾아오기 때문이다. 매 끼니의 절박성은 쉼 없이 밀려드는 파도, 혹은 잠시도 연기되지 않고 끊임없이 흐르는 시간에 비유되기도 한다.[2] 이 통찰에서 아주 흥미로운 점은 끼니의 연속성과 단절성이다. 삼시 세끼는 한 번도 건너뛰지 않고 닥치고, 그 어떤 한 끼도 다른 한 끼를 대신할 수 없다. 끼니의 절박성은 흐르는 시간처럼 지속되는 동시에, 매 끼니의 순간마다 유일하고 절대적인 무게를 갖는 방식으로 서로 단절되어 있다.

‖ 케테 콜비츠, <독일의 아이들이 굶고 있다>

콜비츠가 그려내는 배고픔은 강렬하고 선명한 인상으로 남는다. <독일의 아이들이 굶고 있다>라는 작품에서 아이들의 눈동자는 많은 것을 나타낸다. 거기에는 허기를 달래려는 절실한 바람과 그것이 곧장 좌절될지도 모른다는 걱정이 담겨 있다. 그뿐만 아니라 우리는 그 눈에서 인간 존재의 숭고함을 발견한다. 위를 올려다보며 그릇을 떠받치고 있는 아이들의 모습은 비참하기보다는 오히려 고귀해 보인다. 이들의 연약함은 역설적이게도 무엇보다 강력하게 이들의 존엄함을 드러낸다. 밥의 소중함, 배고픔을 해소할 권리, 인간다운 삶을 누릴

---

2   김훈, 『칼의 노래』 문학동네, 2017, 189쪽 참조.

자유에 대한 희망과 존경이 가장 연약하고 가난한 아이들에 의해 표현됨으로써 더욱 강한 호소력을 지닌다.

아이들의 시선은 관람자 쪽으로 향해 있지 않지만, 이 작품을 지켜보는 사람은 자연스럽게 아이들의 시선이 머문 곳으로 자신을 이동시키게 된다. 즉 아이들의 절박함을 해소시킬 수 있는 입장에 자신을 동화시킨다. 이런 구도는 마치 아이들의 기아에 우리 모두가 책임이 있음을 호소하는 목소리처럼 작용한다.

<빵을!>이란 작품 역시 기아의 고통을 선명하게 전달하고 있다. 울며 매달리는 아이를 힘겹게 뿌리치는 어머니의 뒷모습은 비참한 현실에서 벗어나 보려는 처절한 몸부림으로 보인다. 그녀는 마치 온몸으로 울고 있는 것 같다. 그녀의 등과 손이 뱉어내는 울음은 아이의 울음 못지않게 크게 공명한다.

‖ 케테 콜비츠, <빵을!>

어머니에게 매달려 마치 빵을 달라고 울부짖는 것처럼 보이는 아이는 필사적이다. 어른인 어머니가 아이의 손을 단번에 뿌리치지 못하는 것은 자식의 고통을 외면할 수 없는 마음 때문이기만 할까? 어쩌면 아이는 어머니가 감당하기 어려울 정도로 강력한 힘을 실제로 뿜어내고 있는지도 모른다. 배고픈 아이는 힘이 세다. 자신이 가진 모든 힘을 끌어모아 분출하기 때문이다. 이 힘은 생존이 위협당하고 있는 현실에 대한 본능적인 공포와 그에 대한 강한 저항이 결합하여 이뤄낸 거대한 에너지다.

이렇듯 절박하고도 완강하게 빵을 요구하는 아이의 모습은 아무리 연약하고 힘없는 사람일지라도 필사적인 자세로 임할 때 매우 강한 힘을 발휘할 수 있음을 보여준다. 그 어떤 철통같은 군주도 빵을 외치는 군중을 외면하면서 왕좌를 지켜낼 수는 없었다. 선명하고 간결한 콜비츠의 글씨체는 곤궁함에 대한 군중의 공포를 분노와 명령으로 표현한다. 포악하고 탐욕스러운 지배자에게 군중의 바로 이 구호만큼이나 공포스러운 외침은 없었을 것이다.

우리 자신과 마주하는 일

아우구스티누스는 인간의 내면을 깊은 바다에 비유하여 "사람의 양심의 저 깊은 심연"[3]이라 칭한다. 햇빛이 투과하지 못할 정도로 깊은 바닷속에서는 모든 것이 어둠에 싸여 있다. 아우구스티누스는 인간의 내면이 그 정도로 깊고 어두운 세계라고 본다. 어둠 속에서는 아무것도 볼 수 없으니 알 수도 없다. 어둠과 무지의 상태는 인간에게 두려움을 일으킨다. 어둠

---

3   아우구스티누스, 『고백론』, 박문재 옮김, CH북스, 2019, 303쪽.

을 응시하는 것이 두렵고 불안한 일이듯이, 인간의 내면을 들여다보는 것 역시 그러하다.

우리는 심연처럼 깊은 그곳에 무엇이 자리 잡고 있는지를 모른다. 아우구스티누스는 "사람의 속은 '사람의 속에 있는 영 외에는' 아무도 알 수 없는데"[4]라고 하면서, 우리 자신조차도 우리를 완전히 투명하게 볼 수는 없다고 한다. 그래서 오직 신만이 인간의 본질을 안다. 그럼에도 불구하고 만약 우리가 아우구스티누스의 말을 '사람의 속에 있는 영은 사람의 속을 안다'고 바꾸어 읽는다면, 우리의 심연에서 무언가를 볼 수 있게 될지도 모른다. 다시 말해서 우리의 내면을 알기 위해서는 우리 영혼이 그 속에 머물러야 한다.

영혼이 칠흑 같은 내면 아래로 침잠하는 것, 그것이 우리 자신을 알 수 있게 하는 길이다. 앞서 언급한 대로 어둠이 우리에게 두려움의 대상이라면, 영혼의 침잠 역시 두려움을 감수해야 하는 일일 것이다. 그러나 이와 반대로 어머니의 자궁 속 태아처럼 우리는 어두운 적막 속에서 가장 편안하고 깊은 휴식을 누리기도 한다. 다시 말해서 우리의 영혼이 우리 자신의 내면으로 들어가 그 안에 머문다는 것은 궁극적인 평화와 고요를 찾는 일일지도 모른다.

우리는 스스로를 가장 잘 안다고 생각하다가도 때론 너무

---

4   위의 책, 305쪽.

나 낯설게 느끼기도 한다. 자신을 잘 안다고 자부할 때 우리는 분명 안정감을 갖는다. 하지만 동시에 활력을 잃어버리기도 한다. 낯설지만 새롭고, 당장 이해할 수 없으나 매력적인 것들이 우리의 내면에도 자리 잡고 있다면, 자기 자신을 대면하는 일이 그저 두려운 것만은 아닐 것이다. 어쩌면 평생에 걸쳐 스스로를 이해하고 용서하고 받아들이려고 노력하면서 살아가야 하는 것이 우리 인생의 과업인지도 모른다.

두려움이 가리키는 것

두려움, 공포, 불안 등의 감정은 생존 및 자기보호의 욕구와 밀접하게 연관된다. 이 감정들에 내재하는 부정성은 그와 반대되는 감정, 즉 안정감, 편안함, 친숙함 등에 대한 강한 열망과 맞닿아 있다. 따라서 이러한 감정들은 아이러니하게도 평화와 안정에 대한 지향성을 가지며, 그 근저에는 자기 자신을 보호하고 유지시키려는 생명체로서의 본능이 강하게 뿌리내리고 있다.

홉스는 자연상태의 유일한 지배원리는 생존이라고 설명한다. 법도 도덕도 관습도 없고 사회조차도 형성되지 않은 상태에서는 자신의 생존을 지키기 위해 타인을 해하거나 심지어 살해하는 일마저도 용인된다. 자연상태에서는 비도덕성이나 불법성을 판단할 그 어떤 기준도 없고, 오직 유일한 잣대는 자기 보존의 원리이기 때문이다. 그래서 이 상태는 폭력, 악의, 불신으로 가득 찬 전쟁상태, 지옥이라 할 만하다. 이런 곳에서는 아무리 강한 자라도 언제 죽임을 당할지 모른다는 불안과 공포에서 벗어날 수 없다.

그런데 언제든 죽을지도 모른다는 사실에 대한 불안과 공포는 무엇을 가리키는가? 이 감정들은 분명 삶의 불확실성에 관한 것이고, 바꿔 말해서 삶의 확실성을 향한 욕구를 반영한다. 이처럼 죽음의 공포는 죽음 그 자체보다는 삶을 지키고픈 욕구에 더 가깝다고 볼 수도 있다. 인간에게 있어서 가장 강력한 에너지를 가진 것 중의 하나는 생존 본능일 것이고, 이것에 의해 사람들은 죽음에 대한 근원적인 두려움을 갖는다. 다시 말해서 두려움, 공포, 불안 등의 감정은 죽음에 대한 거부감과 연결되어 있지만, 결국 그것의 이면은 삶에 대한 강한 애착이다.

<라오콘의 군상>은 얼굴 표정과 몸 근육의 세밀한 묘사를 통해 죽음의 고통을 매우 사실적으로 표현하고 있다. 하지만

‖ <라오콘의 군상>

우리는 라오콘의 몸짓에서 죽음의 고통뿐만 아니라 살고자 하는 강한 욕구를 읽어낼 수 있다. 공포에 질려 죽어가는 아들들을 아버지로서 지켜보는 것은 자신의 죽음을 받아들이는 것보다 힘든 일이었을 것이다. 힘이 역부족인 상황에서도 완강하게 저항하는 그의

모습은 삶에 대한 확고한 의지와 바람을 선명하게 보여주고
있다.

그러나 죽음을 맞이하는 태도가 라오콘과 아주 다를 수도
있다. 들라크루아는 <사르다나팔루스의 죽음>이란 작품에서
전설적인 군왕 사르다나팔루스의 최후를 극적으로 묘사한다.
왕은 자신에게 복속된 모든 것들의 생살여탈권을 거머쥔 자이
다. 그는 전쟁에서 패하여 적군이 들이닥치기 전에 자기 소유
의 모든 것을 파괴시킨다. 왕의 무자비함과 군인들의 광기, 희
생자들의 공포와 무기력함, 생의 끈질김과 허무함, 집착과 포
기, 절망감과 카타르시스 등이 뒤엉킨 그곳은 그야말로 생지
옥과 같다.

‖ 들라크루아, <사르다나팔루스의 죽음>

그런데 아비규환의 공간에서 오직 사르다나팔루스만이 무섭도록 차분하고 냉정한 태도를 취하고 있다. 그에게 죽음의 공포가 드리우지 않은 이유는 아마도 생에 대한 모든 미련을 버리고 죽기를 택했기 때문일 것이다. 삶의 의지를 상실한 사람은 죽음에 대한 두려움도 갖지 않는다는 것, 이것은 라오콘의 메시지와는 다른 표현이지만 같은 내용을 전하고 있다.

더 나은 사람이 되기 위한 용기

현재 상태에 안주하지 않고 새로운 변화를 시도하는 일은 설레기도 하지만 동시에 두렵기도 한 일이다. 그래서 지금보다 더 나은 사람이 되기 위해 스스로를 변화시키려고 할 때 우리에겐 용기가 필요하다. 먼저, 변화와 발전을 바라는 사람은 현재의 자신을 똑바로 볼 수 있어야 한다. 스스로 받아들이기 어려워 덮어두거나 부정해왔던 모습을 자신의 일부로 인정하는 것은 결코 쉬운 일이 아니다. 그러나 자신의 어두운 면, 잘못된 면, 부족한 면을 시인하는 용기를 가질 때만이 비로소 그것의 극복도 가능해진다.

자기 자신을 있는 그대로 투명하게 평가해본 적이 없는 사람은 스스로에 대한 기대와 환상에서 벗어나기 힘들다. 그런 사람들은 높은 잣대로 타인들을 쉽게 판단하면서도 스스로의 잘못에 대해서는 끊임없는 합리화로 일관한다. 이와 반대로 자기 자신을 냉철하게 바라본 적이 없는 사람들 중에는 언제나 지나치게 자신을 비하하거나 책망하는 태도를 보이는 사람도 있다. 마찬가지로 이것도 현재의 자기 자신과 정면으로 마주할 용기가 없기 때문에 나타나는 모습일 수 있다. 이처럼 스스로를 면밀히 살피는 과정을 생략한 채 덮어놓고 자신을 변호하거나 경멸하는 것은 차라리 쉬운 길이다. 왜냐하면 그런 방식을 통해 사람들은 자신의 문제점을 외면하고 그것을 극복하기 위한 그 어떤 노력에서도 벗어날 수 있기 때문이다.

우리 중 누구도 완벽하게 좋은 사람일 수 없으므로, 우리는 다만 더 나은 사람이 되기 위해 노력할 뿐이라고 말할 수 있다. 이와 관련하여 오직 아주 거창하고 큰일을 해서만 더 나은 사람이 될 수 있는 것은 아님을 기억해야 한다. 오히려 그것은 작고 사소해 보이는 일을 통해서도 이뤄진다. 영화 <역린>에서도 인용된 바 있는 중용 23장은 세상을 바꾸는 것과 같이 큰일도 아주 소소한 일에서부터 시작된다고 가르친다. "작은 일도 무시하지 않고 최선을 다해야 한다. 작은 일에도 최선을 다하면 정성스럽게 된다. 정성스럽게 되면 겉에 배어 나오고 겉에 배어 나오면 겉으로 드러나고 겉으로 드러나면 이내 밝아지고 밝아지면 남을 감동시키고 남을 감동시키면 이내 변하고 변하면 생육된다. 그러니 오직 세상에서 지극히 정성을 다하는 사람만이 나와 세상을 변하게 할 수 있는 것이다."[5]

우리는 아리스토텔레스에게서도 이와 유사한 견해를 찾아볼 수 있다. 아리스토텔레스에 따르면, 도덕적 미덕은 기술처럼 반복적으로 수행됨으로써 갖춰지는 것이다. 아리스토텔레스는 '도덕적(혹은 윤리적, ethike)'이란 말이 '습관(ethos)'이란 말에서 파생되었음을 상기시킨다. 도덕적 미덕은 타고난 본성과는 다르다. 아래로 흐르는 물의 본성을 반복적인 노력으로 바꿀 수 없듯이, 마찬가지로 우리의 태생적 본성도 습관을 통해 고칠 수는 없다. 그러나 도덕적 미덕은 우리가 그것을 마치 본성처럼 받아들여 습관을 통해 체화함으로써 얻을 수 있는 것이다.

그래서 아리스토텔레스는 실천을 강조한다. 실제 건축을 해봐야 건축가가 되고 악기를 연주해봐야 연주자가 된다는 것이다. 또한 아리스토텔레스는 우리가 어떤 마음을 갖고 어떤 사람이 될지는 우리의 '행동'이 결정한다고 본다. 그런 점에서 우리가 어떤 행동을 하고 어떤 것을 반복적으로 수행하여 습관으로 굳히는지에 따라 우리 자신이 결정된다. 아리스토텔레

---

5   영화 <역린> 중 대사. 도올 김용옥의 번역은 다음과 같다. "다음으로 힘써야 할 것은 치곡致曲의 문제이다. 그것은 소소小小한 사물에 이르기까지 모두 지극하게 정성을 다한다는 것이다. 그리하면 소소한 사물마다 모두 성誠이 있게 된다. 성誠이 있게 되면 그 사물의 내면의 바른 이치가 구체적으로 형상화된다. 형상화되면 그것은 외부적으로 그러나게 된다. 드러나게 되면 밝아진다. 밝아지면 움직인다. 움직이면 변變한다. 변하면 화化한다. 오직 천하의 지성至誠이래야 능히 화化할 수 있다." 김용옥, 『중용 인간의 맛』 통나무, 2011, 292-297쪽 참고.

스의 설명을 직접 인용해보자면 다음과 같다. "남을 대할 때 어떻게 행동하는지에 따라 우리는 올바른 사람이 되거나 불의한 사람이 되며, 위험에 직면하여 어떻게 행동하는지에 따라, 그리고 두려워하는 습관이 있는지 자신감을 갖는 습관이 있는지에 따라 용감한 사람이 되거나 겁쟁이가 될 것이다. 이는 욕구와 분노도 마찬가지이다. 그런 경우에 어떻게 행동하는지에 따라 어떤 이는 절제 있고 침착한 사람이 되고, 어떤 이는 무절제하고 성마른 사람이 될 테니까. 한마디로 말하자면 동일한 마음가짐은 동일한 행동들에서 생겨난다. 그래서 우리는 우리의 행동에 어떤 성격을 부여하지 않으면 안 된다. 어떤 마음가짐을 갖게 되는지는 행동의 성격에 좌우되기 때문이다. 따라서 아주 어릴 때부터 어떤 습관을 들이는지에 따라 사소한 차이가 아니라 큰 차이가, 아니 모든 차이가 생겨나는 것이다."[6]

더 나은 사람이 되기 위해서는 무엇보다도 그런 변화에 대해 꿈꾸고 용기를 낼 필요가 있다. 그것은 삶에 대한 긍정적인 태도와 연결된다. 인생에서 뭔가 확정되고 보증된 것이 없다는 것은 불안의 원인으로 작용할 수도 있고 그와 정반대로 설렘과 기대의 원천일 수도 있다. 우리는 삶의 많은 시간을 걱정과 두려움으로 채우기보다 용기와 희망을 갖고 미래를 낙관할 필요가 있다. 모든 일이 다 잘 될 거라고 믿는 마음은 긍정적

---

6   아리스토텔레스, 『니코마코스 윤리학』 62쪽.

인 자세를 갖게 하고 자기 확신을 강화해주며 그로써 실제로 좋은 결과를 낳게 한다. 이것이 긍정과 낙관의 힘이다. 마찬가지로 자기 자신을 바라볼 때도 좌절과 무력함에 빠지기보다 앞으로 더 나아지고 싶다는 바람을 갖는 것이 중요하다. 우리는 스스로 좋은 사람이라 생각할 수 있을 때 자신을 사랑할 수 있다. 그리고 그것이 행복의 중요한 토대가 된다. 현재는 부족하지만 조금은 더 나은 사람이 되기 위해 용기내고 노력하면서 우리는 실제로 좋은 사람이 될 수 있다.

죽음에 곁을 내어주며

에피쿠로스는 "죽음은 우리에게 아무것도 아니"라고 말한다. 그에 따르면, 죽음 이전엔 우리가 살아있으므로 죽음과 상관없고 우리가 죽은 후에는 이미 죽음으로 인해 아무런 고통도 느낄 수 없기 때문에 죽음과 상관없게 된다. 혹자는 우리의 두려움이 삶과 죽음이라는 질적으로 다른 상태들의 '간극'과 그것들 간의 '이행'에 맞춰져 있다고 반론할 수도 있다. 삶과는 완전히 다른 단계로 넘어가는 죽음은 바로 그 때문에 두려움의 대상이 된다. 에피쿠로스는 "죽게 된다는 예상"이 일종의 고통으로 여겨진다는 사람에게 "헛소리"라고 일침을 가한다. 하지만 만약 삶에서 죽음으로 넘어가는 과정에 고통을 느낀다면, 그것은 분명 두려움의 대상, 피하고 싶은 일일 것이다.

그래서 우리가 정작 두려워하는 것은 미지의 죽음 그 자체가 아니라 우리에게 너무나 익숙한 '고통'인지도 모른다.[7]

한편 소크라테스는 죽음은 우리가 알지 못하는 것이기 때문에 두려움을 가질 필요가 없는 사건이라고 말한다. 소크라테스는 아테네 시민들 앞에서 철학을 포기하느니 차라리 죽음을 선택하겠다고 하면서 죽음을 두려워할 필요가 없음에 대해 역설했다. 그에 따르면, 우리는 죽음이 무엇인지를 정확히 알지 못하는데도 그것을 두려워하는데, 모르는 것을 마치 두려워해야 하는 것으로 여기는 것은 어리석은 일이다.[8] 그러나 우리가 모르는 것은 두려운 존재이기도 하다. 우리가 무언가를 두려워하는 이유는 바로 우리가 그것을 모르기 때문일 때가 분명 있다. 과거 미지의 자연이 우리에게 두려움과 경외심을 불러일으키는 존재였듯이 말이다.

사실 우리가 죽음을 초연하게 받아들이기란 쉽지 않지만, 이성적으로 생각했을 때 이들 철학자의 견해가 전적으로 틀렸다고 보긴 어렵다. 우리는 죽음에 대해 미리 경험하거나 알 수 없고, 삶에서 죽음으로 넘어가는 과정이 고통스러울 것이라고 다만 걱정할 뿐이다. 하지만 우리의 그런 상상은 죽음 그 자체를 설명해주지 않으며 실제 죽음과 다를 수 있다. 죽음에 대한 무지와 공포, 이들의 부조화는 우리의 이성과 감성이 일치하지

---

7   에피쿠로스, 『쾌락』 오유석 옮김, 문학과지성사, 2019, 43-44쪽 참조.

8   플라톤, 『소크라테스의 변론』 천병희 옮김, 숲, 2012, 42-43쪽 참조.

않는 무수한 경우들 중 하나이다. 생각과 마음이 서로 갈등하거나 부딪힐 때 어느 한쪽만을 택하거나 양쪽을 분리시킨 채로 살아갈 수 없는 것처럼, 죽음의 문제에 있어서도 마찬가지다. 죽음에 대한 과도한 걱정이나 두려움에 매몰되기보다는 그러한 감정의 정체와 이유에 대해 생각하고 성찰해보아야 한다.[9]

이와 더불어, 죽음을 삶에서 완전히 분리하고 배제시키기보다 두 사태가 함께 공존할 수 있음을 적극적으로 생각해보자. 이러한 시각을 열어주는 한 가지 좋은 예는 서양의 공동묘지다. 삶의 영역 가까이에 망자들을 기억하는 공간을 두는 것은 죽음이 끝이 아니라는 생각에 기초해 있다. 그것은 생의 모든 시간들을 허무하게 만들어버리는 죽음에 대한 공포를 한결 완화시켜준다. 또한 죽음과 삶의 연결성에 관한 통찰은 우리가 죽음을 좀 더 평화롭게 받아들이는 데 도움이 된다. 죽음을 완전한 단절이 아니라 새로운 단계로 넘어가는 과정이자 관문으로 바라보는 것은 죽음에 대한 근원적인 두려움과 불안을 극복하는 하나의 방법일 수 있다.

죽음을 삶의 친구로 여기는 태도는 삶에 더욱 성실하게 임하도록 한다. 인간의 아픔과 고뇌를 그려내는 콜비츠의 작품들에서 일관되게 중요한 주제는 삶과 죽음의 '겸허한' 수용이다. 그녀의 시선은 죽음이 항상 삶 가까이에 있고 그것을 받아

---

9   마르쿠스 아우렐리우스, 『아우렐리우스의 명상록』, 이현우·이현준 편역, 소울메이트, 2016, 42-47쪽 참조.

들이는 것이 우리의 숙명임을 직시하
고 있다. 그런 관점에서 형상화시킨 죽
음에는 물론 두려움의 감정도 함께 담
겨 있어 더욱 인간적으로 보인다. 그러
나 그 감정은 죽음을 '거부하는' 두려
움이 아니라 '받아들이는' 두려움으로
읽힌다.

‖ 케테 콜비츠, <죽음의 부름>

희망과 두려움

스피노자는 희망은 두려움 없이 생길 수 없는 감정이라고
말한다. 그에 따르면, 희망은 어떤 결과를 바라지만 그것이 반
드시 실현될 것이라는 확신이 없는 감정이다. 따라서 희망을
가진 사람은 자신이 원하는 바와 다르게 도출될 수 있는 결과
에 대해 두려움과 불안감을 갖는다. 보통 두려움은 부정적인
전망과 맞닿아 있고 그런 점에서 희망과는 오히려 대치되는
감정일 것 같지만, 스피노자의 생각은 다르다. 희망은 그 어떤
바람이 좌절될 것을 걱정하는 감정이다. 마찬가지로 두려움은
좌절을 걱정하는 마음, 즉 좌절되지 않기를 '바라는' 마음이라
는 점에서, 희망과 밀접하게 연결된다. 결론적으로 스피노자
는 희망과 두려움이 상호적인 관계를 이룬다고 본다.

희망이 있다는 것은 획득하고 싶은 무언가가 있음을 가리킨다. 만약 원하는 그 무언가를 손에 넣으면 그것의 상실에 대한 두려움도 생기기 마련이다. 그래서 희망과 두려움은 동전의 양면과 같이 서로를 동반한다. 희망과 두려움을 이야기하면서 용기를 빼놓을 수는 없다. 용기는 두려움이 없는 마음의 상태가 아니라 두려움이 있음에도 불구하고 의지에 따라 행동하려는 결기와 같다. 용기는 희망을 통해 생성되고 굳세어진다. 지금보다 더 나아지려는 희망은 두려움을 넘어서 무언가를 감행하고 추진할 용기를 깨워 단련시킨다.

그리스 신화는 판도라의 이야기를 통해 인간이 마지막까지 잃어버리지 않고 간직하는 것이 희망이라고 전한다. 온갖 재앙과 악이 희망과 함께 담겨 봉인된 상자, 판도라가 신에게서 '선물'로 받은 이 상자는 어쩌면 인간의 마음을 상징하는지도

‖ 존 윌리엄스 워터하우스, <판도라>

모른다. 왜냐하면 판도라가 급히 상자 문을 닫으면서 세상 밖으로 나오지 못한 희망은 판도라에게 유일하게 '남겨진' 것이라고 이야기되기 때문이다. 상자가 그저 희망을 굳게 가두고 있는 물건일 뿐이라면, 판도라는 희망을 알지도 경험하지도 못했으며 심지어 단 한 번 가져본 적도 없다고 말해야 한다. 만약 그렇다면 상자 속에 남겨진 희망은 판도라에게 간직되는 것, 판도라의 것이라 할 수조차 없다. 희

망이 상자에 가두어짐으로써 인간이 그것을 상실하지 않았다고 말하려면, 그 상자는 우리가 희망을 고이 담아두는 곳, 다시 말해서 우리의 '마음'이어야 한다.

판도라는 우리가 두려워할 만한 모든 악한 것들을 세상에 퍼트린 원흉으로 지탄받지만, 사실 그것들이 담긴 상자를 결혼 선물로 주면서 절대로 열어보지 말라는 이상한 철칙까지 덧붙인 자는 제우스다. 다시 말해서 그녀는 악의 창조자도 대리인도 아니며 다만 무엇인지도 모르는 것을 선물로 받은 사람일 뿐이다. 이로써 인간은 악 그 자체를 만들지는 않았지만 그것을 받아들이고 곁에 두는 존재로 그려진다. 판도라의 호기심이 세상에 수많은 재앙을 불러온 것처럼, 인간은 언제든 악을 활성화시킬 수 있는 가능성을 지닌 존재이다. 흥미롭게도 신화는 세상의 재앙이 인간의 '앎에 대한 욕구' 때문이라고 말하고 있다.

판도라의 신화에서 인간과 세상을 고통스럽게 할 온갖 악을 건네주며 신이 유일하게 인간에게 베푼 호의가 있다면 그것은 바로 희망을 동봉한 것이다. 희망은 인간이 모든 고통과 재앙 가운데서도 절망하지 않고 시련에 맞서도록 해주는 힘이다.

V. 연민

사실, 순경에 있을 때나 역경에 있을 때나,
친구가 곁에 있다는 것은 마음에 기쁨을 주는 일이다.
친구가 우리와 함께 서러워해주면
우리의 슬픔이 경감되니 말이다.
– 아리스토텔레스

스피노자는 "연민이란 우리가 자신과 유사하다고 표상하는 타인에게 일어난 해악의 관념을 수반하는 슬픔이다"라고 정의한다.[1] 여기서 주목해볼 점은 타인을 나와 비슷한 존재라고 여기는 시각이 연민의 감정에 놓여있으며, 타인의 불행을 슬픔으로 받아들인다는 것이다. 타인의 고통이 왜 슬픔으로 다가오는가? 그것은 아마도 우리가 모두 약하고 결함 있는 존재이며 그래서 함께 살아가야 하는 '사이존재', 즉 '인간(人間)'이기 때문일 것이다. 다시 말해 인간이라면 누구나 한계를 지녔다는 점에서 우리는 서로에게 동질감을 느끼고 상호 의존하며 살아간다. 그래서 타인의 불행을 목격할 때 우리는 그것이 마치 자신의 일인 것처럼 투영시켜 바라보는 데 익숙하다.

---

1   스피노자, 『스피노자 선집(에티카)』 황태연 옮김, 비홍출판사, 2016, 608쪽.

연민을 부정적으로 생각하는 사람들도 있다. 연민이 사람들 간에 불평등한 입장을 전제한다고 보기 때문이다. 실로, 연민을 느끼는 것은 상대보다 우월한 위치에서 그의 처지를 안타깝게 여길 수 있을 만큼 심리적인 여유가 있음을 가리키는 듯하다. 또한 연민은 상대에게 관심과 에너지를 쏟고 무언가를 '베푸는' 태도와 연결되며, 바꿔 말하면 상대를 일방적으로 수혜자의 입장에 놓이도록 하는 일이 된다. 이런 이유에서 연민은 자의적이고 오만하며 무례한 감정이라 비판받는다.

그러나 우리가 여기서 이야기하고자 하는 연민은 그런 종류의 감정이 아니다. 그것은 더 높은 지위에서 누군가를 불쌍히 여기는 것이 아니라 상대의 고통을 자신의 것으로 '함께' 느끼는 감정으로서 이해될 수 있다. 이때 연민은 인간으로서 우리 모두가 연약하고 안쓰러운 존재라는 사실을 받아들이는 데서 출발한다. 따라서 이 감정은 고통의 공유 혹은 공감과 비슷하다. 더 나아가 우리는 여러 가지 감정들의 부정성을 극복하는 데 도움이 되는 감정으로서 연민을 주목해볼 것이다.

연민, 우리 자신을 향한 위로

연민은 통상 누군가를 불쌍히 여기는 마음으로 생각된다. 그러나 연민이 반드시 누군가를 '일방적으로' 동정하고 시혜하는 마음이라고 규정되어야만 하는 법은 없다. 연민이 항상 자신을 우월한 입장에 위치시키고 타인을 가여운 존재로 여기는 태도와 연관되는 것은 아니다. 필자는 오히려 연민의 감정을 통해 인간이라면 누구나 다르지 않은 처지에 있음을 이해해보려고 한다. 이런 관점에서 연민의 시선은 대상을 위에서 내려다보는 것이 아니라 그와 어깨를 나란히 하고 바라보는 구도로 설명되어야 한다. 그래서 이 책이 주목하는 감정은 타인과 분명한 거리를 두고 그의 곤궁함을 안타까워하는 감정이 아니라 타인의 불행을 내 것처럼 함께 느끼는 감정으로서의 연민이다. 이것은 우리가 타인과 동행하면서 생의 여정을 채워나가는 데 반드시 필요한 감정이다.

우리는 불완전한 존재로서 살아가는 동안 수없이 자신의 한계를 절감하고 그로 인해 좌절한다. 하지만 그런 경험은 자신뿐만 아니라 타인의 처지를 헤아리는 마음을 확장시켜주며 인간 존재에 대한 이해를 더욱 깊게 해줄 수 있다. 즉 타인이 인간으로서 겪는 어려움과 고통에 대해 나도 '같은' 인간으로서 함께 느끼는 것이다. 그래서 이 감정은 타자와의 차별성이나 분리를 강조하는 입장이 아니라 그와의 동질성과 연대를 중요하게 생각하는 관점에 설 때 진정성을 갖는다. 인간에 대한 연민은 인간 존재의 불완전함에 대한 겸허한 인정과 성찰에 기초한다.

타인을 나와 다르지 않은 존재로 바라보는 것은 우리에게 숙명과 같은 일일 것이다. 이는 우리가 모두 일정한 한계를 가지며 불완전한 존재라는 사실에 근원을 두고 있다. 우리가 개성이나 능력 면에서 보이는 차이는 결국 인간이라는 유적 존재의 범위 내에서 유효하며 그 틀을 초월할 수 없다는 점에서, 우리는 모두 인간으로서 같은 처지에 있다. 그러므로 우리는 서로를 수직적 위계로 나누고 분류하기보다는 수평적 관계를 맺으며 마주해야 한다. 이를 통해 우리는 서로를 지탱해주며 관계하는 존재, 서로를 필요로 하는 '사이존재', 즉 '인간'으로서 드러난다.

우리 중 그 누구도 인간적인 결함과 과오에서 자유롭지 않다는 점은 우리가 서로를 좀 더 관대한 눈으로 바라보고 서로의 차이를 수용할 수밖에 없는 이유가 된다. 그것은 또한 다양한 사람들의 갖가지 고통과 불행에 대해서도 나와 무관한 것으로만 생각하지 않고 마치 나 자신이 겪는 것처럼 함께 느끼고 슬퍼할 수 있도록 한다. 우리가 인간으로서 느끼는 고통의 감정들은 한편으로 우리 자신이 약하고 위로받아야 할 존재임을 말해준다. 즉 두려움, 분노, 공포, 불안, 미움, 수치심 등은 우리의 인간적 한계를 가리키는 동시에 우리 스스로에 대한 이해와 연민이 필요함을 가리킨다. 이 감정들을 통해서 우리는 서로에게 안쓰러운 존재로서 서로를 마주한다.

즐겁지만 고독한 곳에서

자본주의는 냉혹하다. 그 사회의 작동 원리는 돈이고 모든 결정은 철저히 계산적인 판단에서 나온다. 이 사회에서 인간적인 감정은 하등 중요하지 않다. 감정적이라는 평가를 받는 것은 오히려 치명적인 단점으로 간주된다. 자주 속내를 드러내 보이고 감정을 표현하는 사람은 무능하고 무절제한 인물이라 지목되기 십상이다. 비정함과 냉정이 미덕으로 칭송받는 이곳에서 성공하기 위해서는 감정을 억누르고 외면해야 한다.

그러나 역설적이게도 자본주의는 사람의 여러 감정들을 자극하고 조장하는 데 적극적이다. 이성보다는 감성에 호소하는 것이 소비자의 지갑을 여는 데 훨씬 효과적이기 때문일 것이다. 과시욕, 우월감, 이기적인 자기애, 허영심, 질투, 불안 등을 일깨우는 것은 상품 구매를 촉진하는 데 아주 효과적인 방법이다. 다른 인간적인 감정들도 소비와 연관됨으로써만 의미를 갖는다. 광고 속 상품들은 사랑, 우정, 기쁨, 행복을 찬양하지만, 불행하게도 그런 이미지들이 진짜인지는 확신할 수 없다. 하지만 더 큰 불행은 그것이 진짜인지 아닌지의 여부가 우리의 현실에서 이미 중요하지 않게 되었다는 것이다.

상품과 서비스는 더 큰 쾌락, 더 큰 만족을 약속한다. 그러나 즐거움과 재미를 쉼 없이 쏟아내는 사회에서도 사람들은 여전히 외롭다. 대중들은 감각적인 쾌락을 추구하며 허전함을 달래보려 하지만 텅 빈 마음은 쉽게 채워지지 않는다. 갖가지 재화로 넘쳐나는 풍요로운 곳에서 인간의 소외감은 더욱 깊어진다. 현실에서는 인간적인 관계를 맺기 어려운데 온라인에서는 소통과 교류를 이야기한다. 모니터 너머 누군가의 '먹방'을 보면서 혼자 밥을 모습, 그것이 서로 단절된 현대인의 자화상이다.

호퍼 그림들의 화려한 색채는 자본주의 사회의 풍부한 물적 환경을 반영하는 듯하다. 감각적인 색깔과 선명한 명암은 활기차고 즐거운 분위기에 어울릴 것 같지만, 그와 정반대로 그의 그림은 정적이고 우울한 느낌을 가득 담고 있다. 그것은 마치 온갖 욕망과 쾌락으로 들썩이지만 외로움과 무정함이 팽배한 현대 사회를 표현하는 것 같다.

‖ 에드워드 호퍼, <좌석차>

채도 높은 빛깔이 인위적이고 획일화된 인상을 더해주고 밝은 빛이 공간의 폐쇄성을 더욱 강조하는 아이러니 속에서, 겉으로만 화려할 뿐 내면은 공허한 삶, 마치 쇼윈도에 전시된 삶을 사는 듯한 사람들이 보인다. 잘 짜인 각본대로 배치된 것 같은 장면은 무심한 사람들의 기계적인 생활을 떠올리게 한다. <좌석차> 속 인물들은 같은 공간에 각자 홀로 머문다. 강렬한 색과 빛에서 묻어나는 쓸쓸함처럼, 그들의 고독은 깊고 뚜렷하다.

즐겁지만 고독한 곳에서 많은 사람들이 바라는 것이 있다면, 그것은 무엇일까? 더 많은 즐거움과 풍요로움일까, 혹은 더 깊은 고독과 소외감일까, 혹은 같은 처지에 있는 사람들의 공감과 위로일까?

AI 시대의 감정 교류

과학기술에 대한 우려와 비판은 제기될 수밖에 없지만 그렇다고 해서 기술 개발이 곧장 중단되거나 현재의 삶이 문명 이전의 과거로 회귀할 수는 없는 일이다. 인공지능 로봇의 개발과 활용 역시 막을 수 없는 변화이고 대세인 것으로 보인다. 4차 산업혁명의 혁신적인 기술은 사회의 곳곳에 자동화 시스템을 구축하고 있으며 점점 더 많은 부문에서 인간의 노동을 기계로 대체하고 있다.

그 가운데 무엇보다도 돌봄 노동을 수행하는 로봇의 등장은 미래의 변화에 대한 기대와 걱정을 동시에 불러일으킨다. 기계는 분명 인간의 수고를 덜어줄 수 있으며, 기술 개발이 계속 진전됨으로써 이러한 이점을 누리는 것은 좋은 일이다. 그러나 문제는 기계가 인간을 완전히 대신할 수는 없다는 사실에 있다. 로봇이 아무리 사람과 유사하게 보이도록 만들어지더라도 피와 살을 가진 생명체이자 감정을 느끼고 의식적 활동을 수행하는 존재와 같을 수는 없다.

감정은 기본적으로 신체의 감각 기관을 통해 외부 자극을 받아들이고 느끼는 것에서부터 시작한다. 무생물은 감정의 가장 기본적인 조건인 생명이 없기 때문에 신체적인 감각을 느낄 수 없고 따라서 감정도 가질 수 없다. 그러므로 우리가 창조자가 아닌 이상, 생명 없는 기계인 로봇에게 감정을 갖게 하는 것은 불가능한 일이다. 인공지능 로봇은 마치 인간의 감정마저도 학습하고 소유할 수 있는 것처럼 보이지만 사실은 그렇지 않다. 로봇은 수집한 데이터에 따라 인간의 행동을 모방할 수 있을 뿐이며, 그것은 곧 로봇이 그러한 행동의 '주체'임을 보증하지는 않는다. 다시 말해서 로봇이 인간의 감정을 흉내 낼 수는 있겠지만 그렇다고 그 감정을 직접 느끼는 것은 아니라고 보아야 한다.

이렇게 인공지능과 인간의 차이가 뚜렷한 상황에서도 제조업 및 서비스업의 많은 자리를 로봇이 채우고 있다. 인간의 편리한 삶을 위한 방안으로서는 필요할지도 모르지만, 감정 없는 인공지능에게 인간의 대리자 역할을 부여하자는 주장에는 선뜻 동의하기 힘들다. 왜냐하면 인간이 인간에게 갖는 의미와 역할은 그 자체로 특별하며 그 어떤 것으로 대체될 수 있는 것이 아니기 때문이다. 로봇과 사람 사이에서는 다만 일방향의 요구와 응대만이 있을 뿐이다. 그것은 사람들 사이에서 이루어지는 '소통'이나 '교류'와는 전혀 다른 것이다.

그러나 로봇에게서 감정적인 위로를 기대하는 삶은 이미 우리의 현실이 되었다. 어두운 밤 귀가하여 홀로 컴컴한 집안에 들어설 때, 내 존재를 알아차리고 여러 가지 요구와 질문에 어떤 식으로든 반응하는 AI 스피커에서 위안을 얻는다. 제법 스마트해 보이는 스피커는 우리에게 실제로 소통하는 느낌을 갖게 해주며 급기야 속마음을 털어놓게도 한다. 지자체가 독거노인들에게 지원하는 '효도 인형'도 마찬가지다. 식사 시간, 약 먹을 시간, 운동 시간을 챙기는 것은 물론 이야기를 들어주고 말벗이 되어주는 인형은 가족보다 든든하고 소중한 존재가 된다.

기계에도 정을 느끼고 그것을 통해 위안을 얻고자 하는 마음을 단순히 부정하거나 일방적으로 비판만 할 수는 없을 것이다. 소통과 교류를 사람들 사이에서 해결할 수 없는 상황에서, 어떤 해결책을 기술적으로 가능하게 만드는 것은 분명 긍정적으로 평가될 수 있다. 그러나 이 문제에 있어서 전적으로 개운하지 않은 이유는 무엇일까? 그것은 원래 사람과 나누었을 것들을 기계를 통해 대신 해소할 수밖에 없는 '불가피함' 때문이다. 이 불가피성은 기계가 아무리 정교해지더라도 인간을 완벽하게 대신할 수 없음을 의미한다.

또 다른 문제는 기술에 의존하는 비중이 커질수록 인간의 소외감 역시 더욱 커질 수밖에 없다는 점이다. 기계가 인간의 자리를 차지하고 인간보다 월등하다고 여겨지면서 양자의 관계는 역전된다. 첨단 기술의 고가 기계가 인간보다 중요하게 취급받는 상황에서, 인간은 기계 중심의 시스템을 유지시키는 하나의 부품으로 전락해버린다. 사람과 사람 간의 직접적인 만남을 통해 이루어지던 많은 일들이 점점 더 비대면 방식으로 간소화된다. 기술 문명에 발맞출 수 없는 사람은 주변부로 밀려나고 사회적 삶에서 소외된다. 이처럼 기술의 발전은 편리함과 효율성을 확장시키지만 그만큼 인간이 설 자리를 좁히고 삶을 삭막하게 만들기도 한다.

현대인이 겪는 외로움과 소외의 극복을 위해 우리는 무엇보다도 '인간적인 관계'의 회복을 주목해보아야 한다. 인간을 단순히 기계로 대체하려는 방법에만 매달릴 것이 아니라 인간이 인간에게 갖는 의미와 인간들 간의 관계 맺음에 대해서 더욱 적극적으로 고려하고 고민해야 한다.

고통의 나눔, 공감

아렌트는 고통이 전혀 공유될 수 없고 각자에게 유일한 경험이라고 말한다. 우리는 타인의 고통을 '똑같이' 느낄 수는 없다는 아렌트의 생각에 동의할 수 있다. 더 정확하게는 우리가 타인의 고통을 똑같이 느끼는지 그렇지 않은지를 알 수 없고 확인할 길도 없다고 말해야 할 것이다.[2] 그러나 다른 한편으로, 인간이란 종의 공통성에 근거하여 고통의 경험도 유사할 것이란 가정을 충분히 해볼 수 있다. 이에 대한 하나의 근거로서, 대부분의 사람들에게 고통으로 인한 증상과 반응이 비슷하게 나타나며 처방과 조치가 일정 정도 객관화된 방식으로 이루어질 수 있다는 점을 들 수 있다. 따라서 직접적인 경험이 아니라도 타인의 고통을 짐작하고 이해하는 일이 전적으로 불가능한 것은 아닐 것이다.

‖ 월터 랭글리,
<저녁이 가면 아침이 오지만, 가슴은 무너지는구나>

월터 랭글리의 그림은 공감과 위로에 대한 길고 복잡한 설명을 무색하게 만든다. 그저 곁에 있어 주고 함께 아파하는 것

---

2   한나 아렌트, 『인간의 조건』 이진우 옮김, 한길사, 2018, 123쪽 참조.

만으로도 힘들어하는 사람에게는 위로가 된다는 이 작품의 메시지에 우리는 곧장 고개를 끄덕이게 된다. 노년의 여인은 울고 있는 여인의 아픔을 마치 자신의 아픔처럼 온전히 느끼고 있는 듯하다. 이 모습에서 우리는 타인의 고통을 이해하고 함께 나누는 것이 우리에게 전혀 불가능한 일만은 아니라고 되뇌게 된다.

류시화 시인이 들려주는 법정 스님의 일화 역시 랭글리의 그림처럼 명쾌한 메시지와 깊은 감동을 선사한다. 아들을 잃은 여인을 대하는 스님의 모습은 우리가 일상적으로 마주하는 밥상처럼 평범하다. 실제로 스님은 특별한 위로나 깨달음의 말씀을 건네는 것이 아니라 그저 여인과 한 끼 식사를 함께했을 뿐이다. 하지만 결국 그것은 우리를 살리고 힘 나게 하는 끼니와 같이 여인에게 큰 위로가 되었다. 스님은 위로가 그 어떤 복잡하고 어려운 기술을 요하는 것이 아니라 '온 마음을 다하여 곁에 있어 주는 것'임을 몸소 보여준다. 류시화 시인은 여인을 향한 스님의 정성과 집중이 커다란 아우라를 생성해내는 것과 같다고 표현한다. 그런 위로 덕분에 깊은 슬픔에 빠져 있던 여인은 놀랍게도 식사를 하고 얼마간 기운을 차려 돌아간다.[3] 참으로 맑고 따뜻한 이야기에서 우리도 더불어 함께 위로받는다.

---

3   법정, 『살아 있는 것은 다 행복하라』, 조화로운삶, 2006, 12-14쪽.

고통의 나눔과 위로는 함께 살아가기 위한 연대의 한 방식이다. 우리는 타인의 고통을 함께 느끼고 위로하고자 노력하면서 그의 처지에 대한 이해를 넓히고 더불어 살아간다. 반면에 다른 사람의 고통에 무감한 사람은 자신을 위해서라면 누군가를 기꺼이 고통에 빠뜨릴 수 있다. 서로의 삶에 무관심한 사회에서는 다른 구성원들이 처한 어려움을 외면하기 쉬우며 사람들은 스스로를 지키기 위해 각자 고군분투하며 살아야 한다. 그런 사회에서는 사람들이 높은 행복감과 안정을 느끼며 살기 힘들다. 하지만 우리 자신이 고통에서 벗어나 자유롭게 살기를 바란다면, 타인의 고통을 헤아리고 도와줄 수 있어야 한다. 누군가가 손 내밀어주기를 기대하고 있다면, 나도 누군가에게 손을 내밀 준비가 되어 있어야 하는 것이다.

　　'자선'은 고통의 나눔과 관련해서 자주 논의되는 주제다. 앞서 연민의 문제점으로 제기되었던 것과 같은 맥락에서 자선을 부정적으로 보는 입장들이 있다. 가령, 자선은 부자의 시혜와 빈자의 감사라는 불평등한 구도를 전제하면서 부자들의 과시욕과 허영심을 채워주는 일에 지나지 않는다는 것이 비판의 이유들 중 하나이다. 사실 사람들은 누구나 자선과 선행의 대상이 되기보다는 정당하게 자기 몫을 배분받을 수 있는 제도의 구축을 원할 것이다. 가난이 잘못도 아니고 부끄러워해야 할 일도 아니라고 하지만, 우리는 그것을 이미 큰 죄이자 부끄러움으로 치부하는 사회에서 살고 있다. 이런 사회에서 가난한 사람들은 부자에게 고개를 숙일 수밖에 없다. 그들은 자신의 가난 때문에 슬프고 부자의 도움을 청해야 하기 때문에 비참하다. 그 누구도 가난하다는 이유로 머리를 조아리며 살고 싶어 하지 않는다. 사람들이 원하는 것은 자선이 아니라 '자립'이다.

이런 비판에도 불구하고 피터 싱어와 같은 철학자는 자선의 현실적 효과를 강조한다. 절박한 상황에 있는 사람들은 즉각적인 물질적 도움을 더욱 필요로 하며, 기부는 그러한 요구를 제도적 개선보다 빠르게 해결할 수 있는 방법이다. 또한 피터 싱어는 왼손이 하는 일을 오른손이 모르게 하라는 성경의 말씀과 달리, 기부 행위를 가급적 널리 알리는 것이 좋다고 본다. 왜냐하면 그것이 시민들의 동참을 이끌어내는 데 효과적이기 때문이다. 그는 각자 할 수 있는 만큼의 기부를 시작하자고 적극 제안하면서 취약 계층을 돕는 일을 하나의 광범위한 사회적 운동으로 만들어내고 있다. 한 가지 중요한 점은 이런 시도와 노력이 당장 도움을 필요로 하는 사람들에게 즉각적이고 실질적인 도움을 준다는 사실이다.

연대를 위하여

영화 <나, 다니엘 블레이크>는 나눔을 실천하기 위해 반드시 많은 것을 소유하고 높은 지위에 있어야만 하는 것은 아님을 이야기한다. 주인공 다니엘은 병이 들어 일을 할 수 없고 경제적으로 넉넉한 사람도 아니다. 하지만 그는 힘든 처지에 있는 이웃을 적극적으로 돕고 자신의 것을 기꺼이 나눈다. 그에게 나눔의 실천은 타인의 어려움을 자신의 것처럼 느끼는 마음, 즉 타인을 향한 연민이 있었기에 가능한 일이었다.

다니엘은 실업수당 신청을 위한 까다로운 과정으로 인해 많은 에너지를 소진하지만 끝까지 자존감을 잃지 않는 인물로 그려진다. 우리는 그를 통해 한 사람의 존엄한 삶은 스스로의 노력뿐만 아니라 그것을 위한 사회적인 조건이 갖추어졌을 때 보장되는 것임을 확인한다. 이 영화에서 믿을 수 없을 정도로 비효율적이고 무능한 관료 시스템은 답답함을 넘어 분노를 느끼게 한다. 다니엘을 힘들게 한 것은 건강 문제나 경제적 압박이 아니라 부당하고 형편없는 행정서비스였다.

그는 자신의 권리를 찾기 위해 부단히 노력하면서 스스로를 지키는 사람이기에, 인간답게 살 권리를 박탈당한 이웃에게 강한 연민을 느낀다. 캐티가 생존을 위해 성매매를 택한 상황을 목격하고 다니엘은 깊이 슬퍼한다. 그의 울음에서 우리는 캐티의 고통을 온전히 자신의 것으로 받아 안는 그의 마음을 느낄 수 있다. 다니엘은 자신이 개가 아니라 인간으로 존중받을 권리가 있다고 외치면서 동시에 어떤 사람이든지 그런 권리를 박탈당해서는 안 된다고 생각한다. 그는 자신을 소중하게 생각하는 만큼 타인도 존귀하게 여길 줄 아는 사람인 것이다. 그러므로 다니엘이 캐티의 비참한 처지를 보고 그토록 마음 아파했던 것은 기본적으로 그가 자신을 사랑하는 사람이었기 때문에 가능한 일이었는지도 모른다. 그는 자기애가 이타심과 대립하지 않으며 오히려 그것의 건강한 토대가 될 수 있음을 몸소 보여준다.

우리가 영화 속 다니엘의 삶을 통해 확인하는 바대로, 함께 살아가기 위해서 필수적으로 요청되는 것은 타인의 고통을 외면하지 않고 작은 힘이라도 나누려는 마음을 갖는 것이다. 사람들 사이의 연대는 누구나 행복할 권리를 누려야 한다는 목소리에 동의하고 그것을 위해 공동으로 행동하도록 해준다. 그리고 그러한 실천이 쌓이고 응축될 때 비로소 사회의 실질적인 변화가 일어난다.

현재 우리 사회에서 연대를 방해하는 가장 큰 걸림돌은 아마도 적자생존의 논리일 것이다. 경쟁이 심화될수록 사람들은 자신의 생존과 안위의 문제에 더욱 집중하게 되고 타인의 삶에 대해서는 점점 더 무관심해질 수밖에 없다. 경쟁은 부족한 재화로 많은 사람을 통제할 수 있는 가장 간편한 방법으로 활용된다. 일부만이 혜택을 누리고 대부분 사람들은 그 일부에 편입되기 위해 더욱 경쟁하고 이겨야만 하는 사회에서는, 재화의 공유를 위해 한목소리를 내기가 매우 어렵다. 그래서 권력자들은 경쟁과 불안을 과도하게 강조함으로써 사람들 사이의 연대를 가로막으며, 유감스럽게도 그런 전략은 효과를 발휘한다.

현대인의 삶은 마치 눈앞에 점 하나를 찍어놓고 그것만 보면서 질주하는 것에 비유될 수 있다. 정말로 시야를 가린 경주마처럼 살아야만 하는 것이 우리의 인생일까? 방향도 모르는 채 무작정 달려가는 것을 멈추고 삶을 돌아보는 시간이 인생에서 한 번쯤, 아니 몇 번쯤은 허락되어야 하지 않을까? 우리의 삶을 적자생존의 법칙에만 가두지 않기 위해선 인간적 공동체를 상상하고 희망하는 용기가 필요하다. 그리고 경쟁을 떠나서도 살 수 있다는 것을 '체험'해야 한다. 공존과 평화는 타인의 고통에 대한 연민과 공감, 타인과의 관계를 적극적으로 형성해나가는 연대를 통해 도달된다.

‖ 밀레, <추수하는 사람들의 휴식>

밀레의 그림은 사람들이 서로를 위하고 무엇이든 함께 나누는 평화로운 곳으로 우리를 초대한다. 그들은 고된 작업을 함께 하고 휴식과 음식도 함께 즐긴다. 미처 일감을 놓지 못한 사람에게 모두가 어서 오라고 손짓하고 기다린다. 그런 곳에는 '경쟁'이나 '적자생존'이란 말들이 필요 없을 것만 같다. 뒤늦게 동료의 손에 이끌려온 인물처럼 우리도 저런 평화로운 휴식에 함께하면 좋겠다고 상상해본다.

행복을 버리고 어둠 속으로

행복만이 가득한 유토피아를 상상해보자. 그곳 사람들은 아무런 문제나 어려움도 없이 완벽한 안녕을 누린다. 그런데 그런 행복이 가능하기 위해서 한 가지 조건이 충족되어야 한다. 그곳에서 단 한 사람만은 매우 끔찍하고 불행한 상황에 처해야 한다는 것이다. 이런 이유로 한 아이가 그 행복한 도시의 어두운 지하실에 갇혀 짐승처럼 지내고 있다. 그곳 사람들은 모두 이 아이의 존재를 알고 있으며, 만약 아이가 풀려나면 유토피아의 행복은 모두 사라진다는 것도 안다. 처음에는 모두 아이의 비참한 상황을 목격하고 마음 아파하지만 이내 합리화하는 데 익숙해진다. 사람들은 아이에 대한 연민의 감정을 거두고 자신들이 누리는 행복을 위해 기꺼이 희생양을 두기로 한다. 이것은 어슐러 K. 르 귄의 단편소설 「오멜라스를 떠나는 사람들」의 이야기다.[4]

---

4   어슐러 K. 르 귄, 『바람의 열두 방향』 최용준 옮김, 시공사, 2020, 455-467쪽 참고.

마이클 샌델은 『정의란 무엇인가』에서 이 이야기를 인용하여 공리주의의 한계에 대해 질문한다. 행복을 계량하고 서로 비교할 수 있다고 보는 공리주의 입장에서는 행복한 도시의 부조리를 둘러싼 고민이 비교적 간단하게 정리된다. 양적 공리주의의 원칙에 따르면, 한 아이의 고통보다 나머지 사람들의 행복의 양이 더 크기 때문에 그 아이의 불행한 처지는 유지되어도 좋다. 그러나 이 결론이 과연 도덕적으로 문제가 없고 그대로 정당화될 수 있을지는 의문이다. 공리주의를 표방하지만 개인의 자유를 무엇보다 중요하게 여기는 존 스튜어트 밀은 다수를 위한 소수의 희생에 동의하지 않을 것이다.

보통 우리는 공리주의의 계산법을 흔쾌히 받아들일 수 없는 그 어떤 석연찮음을 마음속에서 느낀다. 그것은 양심, 죄책감, 인간적인 마음 등으로 다양하게 지칭될 수 있을 것인데, 여하간 그런 마음이 우리 안에 내재한다는 사실이 중요하다. 우리가 이런 마음을 느낀다는 것은 인간이 모두 자유롭고 평등한 존재로서 서로 간의 차별을 용인하지 않아야 할 하나의 근거일 수 있다.

그러나 유감스럽게도 오멜라스의 기괴한 상황은 우리의 현실에서도 목격된다. 우리는 누군가의 희생과 수고에 기대어 생활의 편리함을 누린다. 우리가 쉽게 소비하는 값싼 물건들에는 어느 가난한 나라 아동들의 시간, 고위험 저임금을 감수한 사람들의 노고, 비정규직 노동자들의 설움과 눈물이 응축

되어 있다. 현재도 우리 사회에서 빈번하게 발생하는 임금체불, 노예계약, 산업재해 등은 오멜라스 이야기의 또 다른 재현이다. 믿기지 않을 정도로 비참한 환경에서 인권을 유린당한 채 살아가는 사람들도 여전히 많다. 학대받는 아이들과 노인들, 이동의 자유가 박탈된 장애인들, 고리대금에 시달리는 사람들은 오멜라스 지하실에 갇힌 소녀와 얼마나 다른 처지에 있다고 할 수 있을까? 이들에 관한 보도를 접하면서도 자신의 일상적인 문제가 더욱 애달픈 우리들은 오멜라스의 시민들과 얼마나 다른 사람일까?

오멜라스의 이야기는 그곳을 떠나는 사람들에 관한 기술로 마무리된다. 갇힌 소녀의 처참한 상황을 목격한 젊은이들은 눈물을 흘리고 분노하면서 아예 집으로 돌아가지 않기도 한다. 어떤 사람들은 하루 이틀 침묵에 잠기다 홀로 집을 나선다. 그들은 모두 아름다운 오멜라스를 떠나 혼자 어둠 속을 걸어 들어간다. 그들이 향한 곳이 '어둠'이었다는 표현은 서늘한 전율과 감동을 느끼게 한다. 가진 것을 모두 내려놓고 미지의 곳으로 떠나는 일은 생존의 위험을 감수해야 할 만큼 불안하고 두려운 일이다. 더욱이 아무것도 보이지 않는 어둠 속을 혼자 걸어가야 한다면 대부분의 사람들은 무서워하며 주저할 것이다. 그럼에도 불구하고 오멜라스를 떠나기로 결심한 사람들에게는 소녀의 불행을 용인하는 것이 그보다 더 어려운 일이었을 것이다. 그들이 어둠을 마다하지 않은 것은 오멜라스의 불의에 대한 수치심과 분노, 스스로에 대한 좌절감과 자기혐오에서 벗어나려는 의지, 그리고 소녀를 향한 뜨거운 인간애와 연민이 있었기에 가능했다.

오멜라스 사람들의 행복은 소녀의 불행에 달려있다. 그들은 갇힌 아이와 다를 바 없이 자유롭지 못하다고 느낀다. 자신의 행복을 다른 누군가에게 의탁하는 사람, 스스로 자유롭지 못하다고 느끼는 사람이 과연 행복하다고 할 수 있을까? 어쩌면 오멜라스 사람들이 누리는 것은 진정한 행복이 아닐지도 모른다. 반면에 삶의 방향을 스스로 정하고 혼자 힘으로 걸어가는 사람은 자유롭다. 그는 그 어떤 희생도 필요로 하지 않고 자신이 원하는 목적을 지향하며 살기 때문에 좀 더 편안하고 만족스러운 마음으로 살 수 있다. 그러므로 그는 오멜라스에 머무른 사람들보다는 행복에 더 가까이 다가간 듯하다.

오멜라스를 떠난 사람들은 기득권을 포기한 것만으로도 훌륭하다. 그런데 그들의 용기와 결단을 대단하게 여기는 필자에게 누군가 인상 깊은 질문을 남겼다. 오멜라스를 떠나는 사람들은 왜 아무도 소녀를 구하려 시도하지 않았을까? 그들이 떠나더라도 소녀의 불행은 그대로 지속되는데 말이다. 그렇다면 그들도 소녀의 불행을 소극적으로 방기하고 그저 현실에서 도피했던 사람들이라 보아야 할까? 단 한 사람이라도 불행한 세상에서는 아무도 행복할 수 없다는 것이 오멜라스의 교훈이라면, 어둠 속으로 떠난 사람들이 과연 진정한 행복을 찾았을 것이라 말할 수 있을까?

위로가 필요한 감정들

앞서 우리는 혐오, 수치심, 분노, 두려움 등의 감정들을 살펴보았다. 혐오는 타인을 미워하고 꺼리는 마음으로서 특정한 사람들을 열등한 존재로 규정하고 배척하는 행동과 연결된다. 이와 달리 수치심은 자신을 있는 그대로 인정하지 못함으로써 생기는 불만과 슬픔이라 하겠다. 한편 분노는 외부에서 가해진 위해에 대한 거부감과 저항으로 표현된다. 그리고 두려움은 위협적인 힘이나 대상을 저어하는 감정이다. 이들 감정은 모두 인간이란 존재 자체의 한계에 근원을 두고 있다.

이 감정들이 공통적으로 인간 존재의 불완전성과 깊이 연관되어 있기 때문에, 이들로 인한 고통을 해결하는 일은 우리 자신을 얼마나 깊이 이해하고 수용하느냐에 달려 있다. 혐오, 수치심, 분노, 두려움 등의 감정들을 강하게 표출하는 것은 그만큼 스스로를 보호하고 싶은 마음이 크다는 것의 반증이다. 다시 말해서 우리는 이 감정들을 통해 우리 자신의 '연약함'을 본다. 그런데 약함 그 자체가 혐오와 분노의 대상이 되어야만 할까? 우리가 완벽하지 않고 충분히 강하지 않다는 사실이 수치심과 두려움의 합당한 이유일까? 만약 그렇다면 우리는 스스로의 존재를 끊임없이 부정하는 모순에서 헤어날 수 없다.

혐오의 적대성, 수치심의 자기부정성, 분노의 맹목적인 공격성, 두려움의 무력함 등은 인간이란 존재에 대한 이해와 연민을 통해 전혀 다른 관점에서 조명될 수 있다. 모든 약한 존재는 보호받고 위로받을 수 있어야 한다. 우리는 인간적인 결함과 유약함을 조롱과 멸시의 대상으로서가 아니라 관용과 인내의 시선으로 바라볼 필요가 있다. 스스로의 약함을 겸허하게 인정하는 것은 타인의 약함을 관대하게 수용하는 것과 서로 통한다. 그리고 자기 자신에 대한 성찰과 타인에 대한 관용은 인간이 본래 완전하지 않은 존재임을 깊이 이해하는 데 뿌리를 두고 있다.

연민은 불완전하고 약한 존재에게 건네는 인간적인 '위로'이다. 그것은 우리에게 완벽하지 않아도 괜찮다고 다독이는 목소리와 같다. 연민은 인간적인 부족함과 잘못에 대해 혐오, 수치심, 분노, 두려움으로 응대함으로써 생긴 상처를 감싼다. 우리는 인간에 대한 이해와 연민을 통해 비록 결함 많고 불완전한 존재이지만 스스로를 사랑하고 타인을 존중할 수 있는 힘을 기를 수 있다. 자신을 두텁게 신뢰하고 사랑하는 사람이라면, 타인을 혐오하고 스스로를 비하하며 주체할 수 없을 만큼 화를 내고 그 어떤 것을 두려워하는 일에 결코 인생의 많은 시간을 허비하지 않을 것이다,

이런 점에서 본다면, 우리 자신의 인간적인 약함이 무조건 부정되어야만 하는 것일지 의문이다. 아이러니하게도 우리는

완벽하지 않기 때문에 더 나아지려는 꿈과 의욕을 가질 수 있다. 그렇다면 우리는 약하기 때문에 더 강해질 수 있는 셈이다. 완전한 존재에게는 더 이상의 다른 가능성이 없듯이, 변화와 발전은 불완전한 존재만이 누릴 수 있는 기회이다. 그러므로 더 좋은 사람이 되기 위한 노력만큼 중요한 것은 우리 자신을 있는 그대로 바라보고 인정하는 태도일 것이다. 있는 그대로의 자신을 알아야 변화의 내용과 방향성이 보이고 바로 거기에서 도약이 시작된다.

맺으며

　감정은 인간다움의 표징과 같은 것이다. 외부의 자극들을 받아들이는 감각 기관이 있어야 무언가를 느낄 수 있게 되기 때문에, 그 기관들이 위치하며 작동하는 터전인 '몸'이 있어야 한다는 것, 그리고 그 몸이 '살아있는' 상태여야 한다는 것은 감각하기 위한 최소한의 기본 조건이다. 감각에 의식적 활동을 결합시켜 내면적으로 갖는 느낌을 감정이라고 본다면, 감정은 감각과 마찬가지로 '생명'과 '몸'을 조건으로 삼으며 이에 부가적으로 '의식'도 전제한다. 따라서 감정을 갖는다는 것은 생명체로서 몸과 의식을 가진 존재에게서야 가능해지는 일이다. 실로 우리는 무생물에 감각과 감정이 있을 것이라 생각할 수 없고, 생명체 가운데서도 의식적 발전 단계에 따라 감정의 유무 및 다양성을 가려본다.

　우리가 지금까지 확인한 지구별의 생명체 가운데 인간은 유독 풍부하고 다채로운 감정을 느끼고 표현한다는 점에서, 감성적 능력이야말로 인간의 고유성을 드러내주는 중요한 특성 중 하나라고 볼 수 있다. 달리 말하면, 인간은 그 어떤 동물들보다 훨씬 섬세하고 다양하며 복잡한 감정을 가질 수 있는 존재로 태어났다. 따라서 감정은 인간에게 허락된 특별한 '경험가능성'이다. 인간은 느낄 수 있는 능력, 즉 감성을 갖춤으로써 생생하게 체험하며 살아가는 존재가 된다.

그러나 동시에 감정은 인간 존재의 불완전성을 확인시켜주는 속성이기도 하다. 감정은 인간이 누리는 기회이자 가능성일 뿐만 아니라 일종의 결점으로도 간주된다. 감정의 변덕스러움, 지속불가능성, 불명확함, 모호함 등은 진리의 영원불변성, 명석 판명함과 정면으로 배치되기 때문이다. 그래서 감각과 감정은 참된 진리의 추구를 방해하는 요소로서 이성적 통제 아래 놓여야 하는 것으로 생각되었다.

하지만 바로 그 때문에 감정은 인간다움을 특징짓는 하나의 좌표가 된다. 인간이 감정을 느끼기 때문에 완전함에서 멀어지고 그것이 치명적인 단점으로 작용한다 할지라도, 그런 존재가 바로 '인간'이다. 만약 인간이 아무것도 느끼지 못하고 아무런 감정도 갖지 않는다면, 그는 더 이상 인간다운 존재가 아니라 무생물 혹은 신이라 해야 할 것이다.

그러므로 감정은 인간이 누리는 특권이든 인간의 결정적 단점이든 간에, 인간을 인간답게 만들어주는 것, 인간의 고유성을 이루는 것이라 하겠다. 혐오, 수치심, 분노, 두려움 등의 부정적인 측면들조차도 우리 자신의 일부를 이룬다는 점에서 그 자체로 의미가 있다. 우리는 감정을 분출하고 그로 인해 고통받는 과정을 성찰함으로써 성장한다. 따라서 감정에 대한 면밀한 관찰은 스스로에 대한 이해를 넓히고 진정한 자아를 찾아가는 데 도움이 된다.

감정으로 인한 문제를 고민할 때, 무엇보다도 자기 자신에 대한 욕심과 집착을 내려놓는 연습이 필요하다. 이때 내려놓는다는 것은 개선을 위한 노력을 배제하지 않는다는 점에서 단순한 회피나 포기와는 다른 것이라고 보아야 한다. 그것은 맹목적인 감정의 몰입에서 벗어나 자신의 마음 상태를 객관적으로 바라보려는 데에서 출발한다. 이런 노력은 우리 자신의 한계를 솔직히 인정하고 받아들이려는 태도와 연결된다. 이는 다시 말해서 부정적 감정들의 발생과 그로 인한 고통이 우리 자신의 능력과 의지대로 완전히 통제되거나 해결되기는 어렵다는 점을 겸허하게 인정하는 것과 같다.

더불어 감정들의 동요와 그로 인한 고단함에도 불구하고 우리에게 주어진 모든 경험의 시간을 묵묵히 견뎌내려는 자세도 중요하다. 이를 위해서 우리는 무엇보다도 나약하고 불완전한 우리 자신을 기꺼이 받아들이고 용서할 수 있어야 한다. 왜냐하면 그런 인내를 통해서만 참된 자기를 찾고 그 기반으로 자신에 대한 신뢰를 키워갈 수 있기 때문이다. 자존감은 자신에 대해 성찰하지 않으면서 스스로 옳다고 무조건 확신하거나 애착하는 것과는 분명 다르다. 오히려 그것은 자아도취와 자만을 넘어서 스스로를 있는 그대로 바라보고 사랑하려는 마음에서 시작된다.

우리가 감정적인 존재라는 것은 우리 자신의 뚜렷한 한계일 수도 있지만, 동시에 우리는 감정을 가졌기 때문에 인간다울 수 있고 고귀하며 아름다운 존재일 수 있다. 우리는 감정을 이해함으로써 인간 존재에 대한 이해를 높일 수 있고, 이를 통해 인격적으로 좀 더 성장할 수 있다. 여기서 중요한 것은 인간 존재의 불완전성을 그 자체로 인정하고 적극적으로 껴안으려는 노력이다. 이러한 노력을 통해 우리에게 선물처럼 주어지는 것은 우리 자신의 존재에 대한 기쁨과 감사일 것이다.

참고문헌

고트프리드 빌헬름 라이프니츠, 『변신론』, 이근세 옮김, 아카넷, 2014.

게오르크 빌헬름 프리드리히 헤겔, 『정신현상학』, 임석진 옮김, 한길사, 2005.

_____, 『법철학』, 임석진 옮김, 한길사, 2008.

권정생, 『우리들의 하느님』, 녹색평론, 2007.

_____, 『강아지똥』, 길벗어린이, 2008.

김소연, 『마음사전』, 마음산책, 2008.

김용옥, 『중용 인간의 맛』, 통나무, 2011.

김지혜, 『선량한 차별주의자』, 창비, 2020.

김훈, 『남한산성』, 학고재, 2017.

___, 『칼의 노래』, 문학동네, 2017.

데카르트, 『방법서설·성찰 : 데카르트 연구』, 최명관 옮김, 2010.

로런스 블록, 『빛 혹은 그림자 : 호퍼의 그림에서 탄생한 빛과 어둠의 이야기』, 이진 옮김, 문학동네, 2017.

루드비히 포이어바흐, 『기독교의 본질』, 강대석 옮김, 한길사, 2008.

마르쿠스 아우렐리우스, 『아우렐리우스의 명상록』, 이현우·이현준 편역, 소울메이트, 2016.

마사 너스바움, 『혐오와 수치심 : 인간성을 파괴하는 감정들』, 조계원 옮김, 민음사, 2015.

_____, 『혐오에서 인류애로』, 강동혁 옮김, 뿌리와이파리, 2016.

_____, 『감정의 격동 2 : 연민』, 조형준 옮김, 새물결, 2017.

_____, 『분노와 용서』, 강동혁 옮김, 뿌리와이파리, 2018.

마이클 센델, 『정의란 무엇인가』, 김명철 옮김, 와이즈베리, 2014.

맹자, 『맹자』, 동양고전연구회 역주, 민음사, 서울, 2016.

문혜숙, 『케테 콜비츠 : 죽음을 영접하는 여인』, 재원, 2009.

박주영, 『어떤 양형 이유』, 김영사, 2019.

법정, 『살아 있는 것은 다 행복하라』, 류시화 엮음, 조화로운삶, 2006.

실비아 페데리치, 『캘리번과 마녀』, 황성원·김민철 옮김, 갈무리, 2011.

세네카, 『화에 대하여』, 김경숙 옮김, 사이, 2013.

아리스토텔레스, 『니코마코스 윤리학』, 천병희 옮김, 숲, 2018.

아우구스티누스, 『고백론』, 박문재 옮김, CH북스, 2019.

아이스퀼로스, 『아이스퀼로스 비극 전집』, 천병희 옮김, 숲, 2008.

어빙 고프만, 『스티그마 : 장애의 세계와 사회적응』, 윤선길·정기현 옮김,
    한신대학교 출판부, 2009.

어슐러 K. 르 귄, 『바람의 열두 방향』, 최용준 옮김, 시공사, 2020.

우지현, 『나를 위로하는 그림』, 책이있는풍경, 2015.

임마누엘 칸트, 『판단력 비판』, 백종현 옮김, 아카넷, 2009.

_____, 『도덕형이상학 정초, 실천이성비판』, 김석수 옮김, 한길사,
    2019.

임승수, 『나는 행복한 불량품입니다』, 서해문집, 2018.

임홍빈, 『수치심과 죄책감 : 감정론의 한 시도』, 바다출판사, 2013.

에디스 해밀턴, 『그리스 로마 신화』, 장왕록 옮김, 문예출판사, 2010.

에피쿠로스, 『쾌락』, 오유석 옮김, 문학과지성사, 2019.

에픽테토스, 『왕보다 더 자유로운 삶(엥케이리디온)』, 김재홍 옮김, 서광사,
    2013.

장 자크 루소, 『사회계약론』, 김중현 옮김, 펭귄클래식코리아, 2016.

조르조 바사니, 『금테안경』, 문학동네, 2018.

조원재, 『방구석 미술관』, 블랙피쉬, 2019.

조선희, 『세 여자. 2』, 한겨레출판, 2019.

재원아트북 편집부, 『뭉크』, 재원, 2004.

칼 마르크스, 『마르크스 엥겔스 저작선』, 김재기 편역, 거름, 1997.

_____,『헤겔 법철학 비판』, 강유원 옮김, 이론과실천, 2011.

_____,『경제학-철학 수고』, 강유원 옮김, 이론과실천, 2017.

_____,『자본 I-1』, 강신준 옮김, 길, 2017.

톨스토이,『사람은 무엇으로 사는가』, 박형규 옮김, 금성출판사, 2008.

플라톤,『소크라테스의 변론』, 천병희 옮김, 숲, 2012.

_____,『향연』, 천병희 옮김, 숲, 2012.

피터 싱어,『이렇게 살아가도 괜찮은가』, 노승영 옮김, 시대의창, 2014.

_____,『더 나은 세상』, 박세연 옮김, 예문아카이브, 2017.

홉스,『리바이어던』, 최공웅·최진원 옮김, 동서문화사, 2009.

한나 아렌트,『전체주의의 기원』, 이진우 옮김, 한길사, 2006.

_____,『예루살렘의 아이히만』, 김선욱 옮김, 한길사, 2017.

_____,『인간의 조건』, 이진우 옮김, 한길사, 2018.

B. 스피노자,『스피노자 선집』, 황태연 옮김, 비홍출판사, 2016.

SBS 스페셜 제작팀, 이른별, 이승미,『어디에나 있었고 어디에도 없었던 용
        현, 요한, 씨돌』, 가나출판사, 2020.

Th. W. 아도르노 외,『계몽의 변증법』, 김유동 옮김, 문학과지성사, 2017.

Kolnai, Aurel, *Ekel, Hochmut, Hass:Zur Phänomenologie feindlicher Gefühle*,
        Suhrkamp, Frankfurt am Main, 2007.

• 기사

「"여기가 지옥이다. 첫차 끝났는데 탈진"… 청소 노동자의 열대야」, 충북인
        뉴스(2018. 09. 03).

「우리가 화장실 휴지만도 못한 소모품인가요」, 한겨레(2016. 09. 02).

「"우린 인간쓰레기 아냐, 이러다가 정말 다 죽습니다"」, 오마이뉴스(2018.
        05. 01).

「화장실서 문 잠그고 샤워해라」, 한겨레(2017. 06. 27).

「고 김용균씨 유품에도 컵라면… 사비로 산 손전등도」, 경향신문(2018. 12. 16).

「구의역 스크린도어사고… 비정규직·하청노동자 실태 드러내」, 연합뉴스 (2016. 12. 14).

「김용균 없는 김용균법 시행되는 2020년」, 프레시안(2020. 02. 21).

「김용균법 첫날 맞았지만… "김용균씨 살아있다면 다시 하청노동자 된다"」, 국민일보(2020. 01. 16).

「김용균법으론 '역부족'… 사슬 여전한 '죽음의 외주화'」, 노컷뉴스(2019. 01. 14).

「[하종강칼럼] 노동현장의 '김용균들', 지금도 많다」, 한겨레(2018. 12. 18).

「'2인1조' 실종… 태안 비정규직 참사, '구의역 김군 사건' 판박이」, 한겨레 (2018. 12. 12).

「청년 장애인 노동자 '김재순'의 죽음을 아시나요?」, 오마이뉴스(2020. 06. 15).

「청소 노동자, 쓰레기 수거차량에 끼어 숨져」, 경향신문(2020. 06. 15).

「대구서 맨홀 청소 노동자 4명 질식… 2명 사망」, 경향신문(2020. 06. 28).

「'깔창 생리대' 충격 3년, '청소년 생리대 보편지급' 왜 안되나」, 오마이뉴스 (2019. 10. 26).

「'깔창 생리대' 이후 3년… 여전히 '그날'이 두려운 소녀들」, 세계일보(2019. 05. 07).

「깔창 생리대와 '불쌍한 여고생'?」, 오마이뉴스(2019. 11. 05).

「"냄새나"… '깔창 생리대' 논란 2년 "수치심에 울었다"」, 오마이뉴스(2019. 03. 05).

「생리대 살 돈 없어 신발 깔창, 휴지로 버텨내는 소녀들의 눈물」, 국민일보 (2016. 05. 26).

• 영상

제인 구달의 〈TED〉 강연(https://www.youtube.com/watch?v=by4od5BKCe4)